S'affirmer
avec
Nietzsche

Éditions Eyrolles
61, bd Saint-Germain
75240 Paris cedex 05

www.editions-eyrolles.com
info@eyrolles.com

Avec la collaboration de Philippe Ségur

Ce titre a fait l'objet d'un reconditionnement
à l'occasion de son 9ᵉ tirage.
Le texte reste inchangé par rapport au tirage précédent.

© Éditions Eyrolles, 2019
ISBN : 978-2-212-57232-2

Balthasar **Thomass**

S'affirmer

avec

Nietzsche

Collection Vivre en philosophie
dirigée par Balthasar Thomass

Éditions
EYROLLES

*À la mémoire de ma mère, dont la haine
pour le christianisme n'a pas suffi à refermer
les plaies qu'il lui a infligées,
en quoi elle ressemblait peut-être à Nietzsche.*

« *Vous ne vous étiez pas encore cherchés :
c'est alors que vous m'avez trouvé. Ainsi font tous les croyants ;
c'est pourquoi la croyance compte pour si peu. Maintenant je vous
enjoins de me perdre et de vous trouver ; et ce n'est que lorsque
vous m'aurez tous renié que je reviendrai…* »

Nietzsche, *Ecce Homo*, préface, 4

Sommaire

III.
Les moyens d'agir
Devenir ce que l'on est

IV.
Une vision du sens de l'existence
L'éternité de l'éphémère

Les traductions des textes de Nietzsche cités sont celles des éditions Garnier-Flammarion en ce qui concerne *Le Gai Savoir*, *Par-delà bien et mal*, *Le Crépuscule des idoles* (traduits par Patrick Wotling), *La Généalogie de la morale* (traduit par Éric Blondel, Ole Hansen-Løve, Théo Leydenbach et Pierre Pénisson), *Ecce Homo*, *Le Cas Wagner* et *L'Antéchrist* (traduits par Éric Blondel). *Ainsi parlait Zarathoustra* est cité dans la traduction de G.-A. Goldschmidt au Livre de Poche. *Humain, trop humain* (traduit par Robert Rovini), *Aurore* (traduit par Julien Hervier) et les *Lettres* (traduit par Henri-Alexis Baatsch, Jean Bréjoux, Maurice de Gandillac et Marc de Launay) sont cités dans l'édition Gallimard. *Les Fragments posthumes* ont été traduits par l'auteur à partir de la Kritische Studienausgabe, éditée par Giorgio Colli et Mazzino Montinari, Deutscher Taschenbuchverlag/De Gruyter, Munich. Les citations se réfèrent non pas à la page du livre, mais au numéro de la partie et de l'aphorisme. Pour les fragments posthumes, elles se réfèrent non pas au volume, mais à l'année de rédaction pour faciliter le repérage à travers les différentes éditions et traductions.

Mode d'emploi

Ce livre est un livre de philosophie pas comme les autres. La philosophie a toujours eu pour ambition d'améliorer nos vies en nous faisant comprendre ce que nous sommes. Mais la plupart des livres de philosophie se sont surtout intéressés à la question de la vérité et se sont épuisés à dégager des fondements théoriques, sans s'intéresser aux applications pratiques. Nous, au contraire, allons nous intéresser à ce qu'on peut tirer d'une grande philosophie pour changer notre vie : le menu détail de notre quotidien, comme le regard qu'on porte sur notre existence et le sens qu'on lui donne.

Cependant, on ne peut pas infléchir sa pratique sans réviser sa théorie. Le bonheur et l'épanouissement se méritent et ne vont pas sans un effort de réflexion. Nous chercherons à éviter la complaisance et les recettes faciles de certains manuels de développement personnel. Une nouvelle manière d'agir et de vivre implique toujours aussi une nouvelle manière de penser et de se concevoir. Nous découvrirons ainsi le plaisir, parfois vertigineux, de la pensée, qui, en tant que tel, déjà change notre vie.

C'est pourquoi nous inviterons le lecteur à réfléchir à des concepts avant de lui proposer de s'interroger sur lui-même. Il nous faut d'abord cerner nos problèmes, puis les interpréter à l'aide de nouvelles théories, pour enfin pouvoir y remédier par des actions concrètes. Ce n'est qu'après avoir déjà échangé notre manière de penser, de sentir et d'agir que nous pourrons nous interroger sur le cadre plus large de notre vie et sur son sens. C'est pourquoi chaque livre de cette collection, divisé en quatre grandes parties, suivra une progression similaire.

I – *Les symptômes et le diagnostic*

Nous déterminerons d'abord le problème à résoudre : de quoi souffrons-nous et qu'est-ce qui détermine la condition humaine ? Comment comprendre avec précision nos errances et nos illusions ? Bien repérer nos problèmes est déjà un premier pas vers leur solution.

II – *Les clés pour comprendre*

Qu'est-ce que la philosophie apporte de nouveau pour éclairer cette compréhension ? En quoi devons-nous radicalement changer notre manière de voir pour prendre en main nos vies ? Ici, le lecteur sera introduit aux thèses les plus novatrices du philosophe, qui l'aideront à porter sur lui-même un regard neuf.

III – *Les moyens d'agir*

Comment cette nouvelle conception de l'homme change-t-elle notre manière d'agir et de vivre ? Comment appliquer au quotidien notre nouvelle philosophie ? Comment notre pensée transforme-t-elle notre action qui transforme elle-même ce que nous sommes ? Le lecteur trouvera ici des recettes à appliquer au quotidien.

IV – *Une vision du sens de l'existence*

Nous présenterons enfin les thèses plus métaphysiques, plus spéculatives, du philosophe. Si le lecteur a maintenant appris à mieux gérer sa vie au quotidien, il lui reste à découvrir un sens plus global pour encadrer son existence. Alors que les chapitres précédents lui enseignaient des *méthodes*, des moyens pour mieux vivre, il se verra confronté dans cette dernière *partie* à la question du but, de la *finalité* de l'existence, qui ne saurait se déterminer sans une vision globale et métaphysique du monde, et de la place qu'il y occupe.

Ce livre n'est pas seulement un livre à lire, mais aussi un livre à faire. Des questions précises sur votre vie suivent les thèses présentées dans chaque chapitre. Ne soyez pas passif, retroussez vos manches pour interroger votre vécu et y puiser des réponses honnêtes et pertinentes. Des exercices concrets vous inciteront à mettre en œuvre les enseignements du philosophe dans votre vie. De la même façon, efforcez-vous de vous les approprier et de trouver des situations opportunes pour les pratiquer avec sérieux.

Êtes-vous prêt pour le voyage ? Il risque de se révéler surprenant, parfois aride, parfois choquant… Êtes-vous prêt à vous sentir déstabilisé, projeté dans une nouvelle manière de penser, et donc de vivre ? Ce voyage à travers les idées d'un philosophe du XIXe siècle vous transportera aussi au plus profond de vous-même. Alors laissez-vous guider au fil des pages, au fil des questions et des idées, pour découvrir comment la pensée de Nietzsche peut changer votre vie.

Le nihilisme,
cette maladie humaine,
trop humaine

Ce sont nos maladies qui nous guérissent

Récapitulant sa vie dans le livre *Ecce Homo*, Nietzsche raconte que l'expérience décisive de sa vie fut une *guérison*. La santé *physique* de Nietzsche était fragile. Il a souffert de migraines à répétition, de paralysies, de problèmes digestifs et oculaires avant de s'effondrer psychiquement dix ans avant sa mort. Changer de lieu, de climat, de cuisine, découvrir l'air sec des montagnes suisses et le soleil doré d'Italie était une manière de se guérir de son mal-être physique. Mais ce changement d'environnement et de climat lui a surtout valu une guérison plus importante, car on peut aussi être malade de sa culture et de sa société, c'est-à-dire de sa manière de vivre et de penser.

Tomber malade permet de rompre avec ses habitudes

Le premier bienfait de la maladie physique, c'est de constituer une rupture. Elle nous oblige à rompre avec le quotidien et nos anciennes habitudes. Elle nous permet de nous détacher de notre environnement, de tout ce qui semble rassurant et confortable, mais qui, en réalité, nous endort et nous paralyse :

> 66 *La maladie* me libéra lentement : *elle m'épargna toute rupture, toute démarche violente et choquante. […] La maladie me conféra du même coup le droit à un bouleversement complet de toutes mes habitudes : elle me permit, elle m'ordonna l'oubli ; elle me fit le cadeau de l'obligation à la position allongée, au loisir, à l'attente et à la patience… Mais c'est cela qui s'appelle penser !* 99 (Ecce Homo, « Humain, trop humain », 4).

En nous libérant des liens du quotidien, la maladie délie aussi notre pensée. Dans la solitude et le repos, celle-ci s'affranchit des conventions qui nous enfermaient jusque-là et des impératifs pratiques qui réglaient notre vie sociale. Elle peut alors divaguer, s'aventurer, s'envoler, mais aussi creuser, s'incruster dans les bas-fonds, remuer dans la boue.

La maladie change nos priorités

Lorsque nous sommes alités, même paralysés par la douleur, un changement de perspective se produit : ce qui auparavant nous semblait important nous paraît désormais risible, ce qui était petit devient tout à coup énorme, ce que nous avions négligé devient un enjeu capital. La maladie crée une proximité étouffante avec nous-mêmes et une plus grande distance avec ce qui nous entoure. Les choses apparaissent alors sous un éclairage plus sobre, plus froid, qui, à travers le prisme même de la douleur, nous fait voir les choses avec davantage de clarté, de précision, d'objectivité peut-être.

> 66 *L'être profondément souffrant jette sur les choses,* du fond *de son mal, un regard d'une épouvantable froideur : tous ces petits enchantements trompeurs au milieu desquels les choses baignent habituellement lorsqu'elles sont contemplées par l'œil d'un bien-portant, ont disparu pour lui : il gît lui-même sous son propre regard, sans charme et sans couleur. À supposer qu'il ait vécu jusque-là dans quelque dangereuse rêverie, le suprême rappel à la réalité de la douleur constitue le moyen de l'arracher à cette rêverie, et peut-être le seul moyen* 99 (Aurore, II, 114).

Découvrir sa vitalité à travers la maladie

Ainsi, dans les pires tourments, le malade découvre la vie qui sommeillait en lui. Face à la douleur, elle se rebelle en se nourrissant de tout ce qui peut la renforcer. Dans un premier temps, nous redécouvrons les petits plaisirs fugitifs, l'impor-

18

tance de ce qui est proche et quotidien, que nous avions oublié au profit d'interrogations métaphysiques qui semblent désormais vaines et déplacées. Malades, nous n'avons plus le choix : nous sommes contraints de goûter les moindres détails pour ne pas succomber au fatalisme. Chaque sourire devient une victoire, chaque bouffée d'air un délice, chaque rayon de soleil une aubaine. Ainsi connaissons-nous « le bonheur en hiver », « les taches de soleil sur un mur »[1]. Nous apprenons la gratitude envers la vie, tels des lézards se prosternant devant le soleil.

À travers l'expérience de la maladie, quelque chose de capital s'est produit. La douleur physique nous a contraints à vaincre nos douleurs psychiques, acculés que nous étions à mobiliser toutes nos forces psychiques pour résister à la déconfiture de notre corps. La maladie apparaît ainsi comme la cure la plus efficace contre le pessimisme.

> 66 *C'est ainsi que m'apparaît* maintenant *en fait cette longue période de maladie : j'ai redécouvert pour ainsi dire la vie, moi-même inclus, je dégustai toutes les bonnes choses et même les petites, comme d'autres n'y parviendraient pas aisément — je fis de ma volonté de santé, de vivre, ma philosophie… Car qu'on y prenne garde : les années d'étiage de ma vitalité ont été celles où j'ai cessé d'être pessimiste ; l'instinct de reconstitution de soi m'interdisait une philosophie de la pauvreté et du découragement* 99 (Ecce Homo, « Pourquoi je suis si sage », 2).*

La maladie, le meilleur remède contre le pessimisme

Dans un certain sens, c'est la maladie qui nous guérit de la maladie. Le dégoût des hommes et de la vie, l'insatisfaction chronique sont un luxe qu'on ne se permet que lorsque l'on

------

1. *Humain, trop humain*, I, préface, 5.

est bien portant. Face à la souffrance, ce serait une capitulation contre laquelle se cabre notre orgueil. Le pessimisme est légitime en tant que défi, jeu de l'esprit, courage intellectuel ou comme un duel revigorant avec la noirceur de la réalité. Mais il est inacceptable s'il n'est qu'une simple conséquence de la souffrance. Nous serions alors des êtres sans âme, sans volonté, sans instincts, qui répercuteraient mécaniquement en pensées tout ce que subit leur corps. Au zénith de ses tourments, Nietzsche s'exclame : « Ce n'est pas parce qu'on souffre qu'on a droit au pessimisme ! » Et il se prescrit une cure d'« optimisme, dans le but du rétablissement, pour un jour avoir à nouveau la permission d'être pessimiste[1] ».

Le convalescent se voit donc investi d'une nouvelle vitalité : une gaieté taquine, un optimisme en demi-teinte qui est tout autant un pessimisme joyeux. C'est parce qu'on a connu le pire qu'on peut apprécier le meilleur. C'est parce qu'on a connu le poids de la souffrance qu'on peut se permettre la légèreté. La maladie nous a approfondis. Sa traversée n'est rien moins qu'une nouvelle naissance.

> 66 *[...] On revient* regénéré *de tels abîmes, d'une aussi dure consomption du lourd soupçon, en ayant fait peau neuve, plus chatouilleux, plus méchant, avec un goût plus fin de la joie, avec une langue plus délicate pour toutes les bonnes choses, avec des sens plus joyeux, avec une seconde et plus dangereuse innocence dans la joie, à la fois plus enfant et cent fois plus raffiné qu'on ne l'a jamais été auparavant* 99 *(Le Gai Savoir, préface, 4).

Il y a autant de santés que de maladies

Ce n'est qu'en tombant malade qu'on découvre sa santé. Tant qu'on n'est pas tombé malade, on n'a eu nulle raison de mobiliser ses instincts de défense et de guérison. La santé

---

1. *Ibid.*, II, préface, 5.

n'est pas un état statique qu'on posséderait ou non. Elle est un état dynamique, une lutte et une conquête sur la maladie. Toutefois elle n'est pas non plus son contraire, un espace contigu au territoire étranger et hostile dont on aurait franchi la frontière. Entre santé et maladie, il n'y a pas une différence de nature, mais seulement de degré[1]. La santé est une maladie plus harmonieuse, plus énergique, plus centrée. La maladie est une santé éparpillée, anarchique et épuisée. La santé n'est pas l'absence de maladie – d'infections, de virus, de handicaps, de malformations, d'accidents, de blessures, de tares héréditaires – mais la défense instinctive contre la maladie.

Si la santé est avant tout une manière de surmonter la maladie, il y a forcément autant de santés que de maladies. On ne peut plus admettre qu'il existe une seule santé, un état normal du corps, une norme universelle à laquelle nous devrions correspondre pour être bien portants. Il n'y a pas non plus des règles de vie ou d'hygiène valables pour tous, tels les préceptes de l'OMS ou les conseils de l'Académie de médecine, qu'il suffirait de suivre pour trouver sa vitalité maximale. Tout l'enjeu consiste alors à découvrir *sa* propre santé. Mais sans connaître notre maladie, nous avons peu de chances de connaître nos défenses intimes, notre vitalité singulière forcément dirigée contre et éveillée par ce qui s'oppose à elle.

La grande santé est un dialogue avec la maladie

Nietzsche a formé le concept d'une *grande santé*. Il s'agit d'un regard particulier sur la maladie, qui implique aussi un regard particulier de la maladie *sur* la santé. C'est en combattant la maladie que nous apprenons à voir notre santé et à l'éprouver. En retour, c'est grâce à cette nouvelle santé que

---

1. *Fragment posthume de 1888*, 14 [65].

nous saisissons notre maladie et que nous décelons ses manifestations là pourtant où nous nous croyions sains. Par cette grande santé, la maladie devient un moyen de connaissance, un terrain d'expérimentation. Et nous serions presque tentés de contracter un grand nombre de maladies pour découvrir autant de santés !

> 66 *La grande santé [...] qu'on ne possède pas seulement, mais qu'on acquiert constamment, qu'on est contraint d'acquérir, parce qu'on la sacrifie sans cesse, parce qu'on doit la sacrifier sans cesse !* 99 (Le Gai Savoir, V, 382).

Nombreux sont les exemples historiques de cette grande santé. On peut même supposer que toute grandeur humaine naît du combat, du dépassement, de la sublimation d'une forme ou d'une autre de maladie, et ce, d'une manière tout à fait personnelle et singulière. On peut voir la phrase haletante de Marcel Proust comme une manière de vivre avec son asthme, la perception de l'espace et des couleurs de Van Gogh comme un sens donné à ses troubles mentaux, l'abstraction formelle des dernières œuvres de Beethoven comme une réponse à sa surdité croissante. Par ailleurs, les grands alcooliques comme l'écrivain Malcolm Lowry et les grands toxicomanes comme le trompettiste Chet Baker montrent que certains ont besoin de *s'inventer* leur propre maladie, de trouver dans la dépendance physique et la tendance autodestructrice leur ennemi intime, le stimulant dont ils avaient besoin pour fouetter *leur* vigueur, *leurs* défenses, afin de se concentrer entièrement sur *leur* manière de s'épanouir.

La maladie, un chemin vers la connaissance de soi

Nietzsche compare ainsi la santé avec la liberté de l'opinion : nous avons autant besoin d'une santé propre que d'une opinion personnelle, car « ce dont l'un aurait besoin pour sa santé serait pour l'autre une cause de maladie » (*Humain, trop humain*, I, 5, 286). La traversée de la maladie devient ainsi une quête de soi.

> 66 *Car il n'y a pas de santé en soi, et tous les essais pour définir ce type de choses ont échoué misérablement. C'est de ton but, de ton horizon, de tes pulsions, de tes erreurs et en particulier des idéaux et fantasmes de ton âme que dépend la détermination de ce que doit signifier la santé même pour ton corps. Il existe d'innombrables santés du corps* 99 (Le Gai Savoir, III, 120).

C'est bien la maladie qui a contraint certains hommes remarquables à trouver leur vocation, leur remède, leur santé à nulle autre pareille. Ils n'avaient pas le choix. S'ils ne trouvaient pas leur voie singulière, ils étaient assurés de finir à l'hôpital, à l'asile, en prison ou au cimetière. D'une certaine manière, nous devons admettre que ces individus sont plus sains, plus vigoureux, plus robustes que nous, qui vivons dans le confort d'une santé standard. Pour eux, sans aucun doute :

> 66 *La maladie est un puissant stimulant. Mais il faut être assez sain pour ce stimulant* 99 (Fragment posthume de 1888, 15 [118]).

Sommes-nous assez sains pour un tel stimulant ? Peut-être ignorons-nous la maladie dont nous souffrons et peut-être n'avons-nous pas encore découvert nos remèdes, notre vitalité et notre vocation propres. Quelle est alors la maladie insaisissable dont nous souffrons, cette maladie plus générale et plus fondamentale, dont dérivent les maladies plus particulières ?

Questions *vitales*

1. La prochaine fois que vous tombez malade ou que vous ressentez une douleur même passagère, faites attention à la manière dont la douleur change votre perception. Sentez-vous plus de distance ou de proximité avec les choses ? Paraissent-elles plus vives ou plus neutres ? Pouvez-vous retenir quelque chose de cette perception influencée par la douleur et vous en servir dans votre vie dite « normale » ?

2. L'expérience de la douleur, de la maladie, vous a-t-elle apporté un changement de perspective, un réajustement de priorités ? Sentez-vous que, grâce à la souffrance, certaines choses ont perdu de leur importance et que d'autres, que vous ne soupçonniez pas, en ont gagné ? La maladie vous a-t-elle débarrassé d'un poids, libéré d'un souci, vous a-t-elle allégé ? En même temps, vous a-t-elle donné une force, un centre de gravité ?

3. Nous connaissons tous des épisodes de découragement et de lassitude. Mais quand surviennent-ils ? Est-ce quand vous êtes confronté à une douleur, à une difficulté, à un deuil que vous vous découragez ? Si au contraire c'est l'absence d'obstacles, de défis, qui vous rend las, découvrez-vous une force dans le combat contre la douleur ? Si ce n'est pas le cas, apprenez à être attentif aux petites manifestations de vie, aux petites révoltes contre la souffrance qui se réveillent dans vos états les plus morbides, les plus désespérés. Parfois un petit rire cynique peut vous sauver du désespoir, si vous savez le prendre comme le fil conducteur de votre envie de vivre malgré tout.

4. Remarquez-vous, dans votre manière de vivre, des moments de vitalité particulièrement intenses, des moments de grande productivité ou d'une sensibilité particulièrement perceptive ? Votre état dans ces moments-là correspond à ce qu'on juge habituellement comme un « état normal » de santé ou de bien-être, ou certains pourraient-ils le juger « pathologique » ? Par exemple, vous sentez-vous particulièrement vivant quand vous êtes reposé ou au contraire très fatigué, à jeun ou après un bon repas, en ayant chaud ou froid ? En suivant la piste de ces états particuliers, vous trouverez peut-être votre « grande santé ».

Dieu est mort, mais pas ses ombres !

La maladie dont Nietzsche fait le diagnostic et dont il voudrait se faire le médecin s'appelle le *nihilisme*. C'est le sentiment que l'existence n'a pas de sens, que la vie n'a pas de valeur, que l'effort ne vaut pas la peine, que tout se vaut – le bien comme le mal, la richesse comme la pauvreté, la beauté comme la laideur. Dès lors, comme tout est néant, le néant vaut mieux que l'être, la mort vaut plus que la vie. Nous connaissons tous ce sentiment lorsque nous traversons un épisode dépressif. Nous n'arrivons plus à nous lever le matin, car nous ne trouvons dans notre journée aucun but qui vaudrait la peine d'être poursuivi. Non seulement nous n'arrivons plus à éprouver de la joie, mais nous ne savons même plus être tristes. Nous sommes devenus indifférents à tout ce qui nous arrive. En bien ou en mal, les choses ont perdu leur valeur et leur goût.

Quand la vie n'a plus de but

Derrière ce nihilisme personnel et – espérons-le – épisodique qu'est la dépression, Nietzsche décèle une dépression plus générale, la dépression de toute une civilisation, de toute une époque, qui parfois agit de manière souterraine. Nietzsche décrit le nihilisme en ces mots très succincts :

> 66 Nihilisme : *il manque le "but", il manque la réponse au "pourquoi ?". Que signifie le nihilisme ? — que les plus hautes valeurs se dévalorisent* 99 (Fragment posthume de 1887, 9 [35]).

Le nihilisme semble donc associer une paralysie pratique et un néant théorique. On n'arrive plus à agir, on ne sait plus quoi faire, parce qu'on ne sait plus quoi penser. On n'arrive plus à croire au sens de la vie, ni aux buts qu'on s'était donnés, ni aux valeurs qu'on défendait et qu'on respectait. Qu'est-ce qui nous a fait cesser de croire ? Pourquoi nos valeurs les plus hautes se sont-elles dévalorisées ? Une déception ? Une trahison ? Un accident de la vie ? Ou simplement la frustration, l'épuisement de l'échec répété ?

Pour celui qui fut le maître philosophique de Nietzsche, Arthur Schopenhauer, c'est la cruauté impitoyable de l'existence qui fait qu'elle se dévalorise d'elle-même. La vie est une lutte incessante pour satisfaire nos désirs aveugles et tyranniques qui, dès qu'ils sont satisfaits, nous déçoivent et nous poussent à une nouvelle quête encore plus désespérée. Par conséquent, « la vie se balance, tel un pendule, entre la douleur et l'ennui » (*Le Monde comme volonté et représentation*, l. c. § 57). La seule issue consiste à renoncer au désir, à « nier la volonté de vivre », à préférer la mort à la vie, non pas en choisissant le suicide, mais en vivant comme un mort, comme quelqu'un qui a renoncé à tout ce qui est vivant en lui.

Nous connaissons tous ces épisodes de découragement où tout nous semble vain et douloureux. Cependant, chez certaines personnes, les désirs impétueux se combinent à une sensibilité à fleur de peau de telle sorte que le désir, la volonté et la vie leur apparaissent nécessairement comme une souffrance interminable et absurde. Comment en sommes-nous arrivés là ? Comment la vie peut-elle se nier elle-même ? Voilà la question qui taraude Nietzsche et qui le poussera à s'opposer de plus en plus frontalement à celui qui fut son maître.

Quand la croyance devient impossible

La *prise de conscience* du nihilisme est d'abord déclen-
chée par l'événement que Nietzsche appelle *la mort de Dieu*.
L'avancement de notre civilisation, de notre culture, de la
science, de notre sensibilité morale nous interdit de plus en
plus de croire en son existence et à tous les dogmes qui en
découlent dans les diverses religions. Ce fait s'annonce dans
un premier temps comme une véritable catastrophe :

> ❝ *Le dément se précipita au milieu d'eux et les transperça du
> regard. "Où est passé Dieu ? lança-t-il, je vais vous le dire !* Nous
> l'avons tué — vous et moi ! Nous sommes tous ses assassins ! Mais
> comment avons-nous fait cela ? Comment pûmes-nous boire la mer
> jusqu'à la dernière goutte ? Qui nous donna l'éponge pour faire dis-
> paraître tout l'horizon ? Que fîmes-nous en détachant cette terre de
> l'horizon ?"* ❞ *(Le Gai Savoir, III, 125).*

Est-ce vraiment l'homme qui a tué Dieu ou a-t-il succombé
à une mort naturelle, affaibli par ses propres contradictions ?
Pourquoi n'arrivons-nous plus à croire en lui ? Sommes-nous
animés du désir arbitraire de nous révolter, de nier l'autorité,
de ne suivre que nos envies sans en rendre compte à une autorité supérieure ?

La religion a tué Dieu et l'homme a perdu
sa boussole

Nietzsche nous apprend au contraire que c'est au nom des
valeurs que le christianisme lui-même nous a inculquées que
ce dernier nous paraît désormais suspect. Le christianisme
nous a appris à vénérer la vérité comme un dieu. Mais c'est à
cause de cet amour pointilleux de la vérité que nous sommes
contraints de mettre en doute les mensonges de la religion. Le
christianisme prêche une morale de la compassion. Mais c'est
à cause de cette délicatesse morale que l'absolue cruauté —

ici-bas comme dans l'au-delà – avec laquelle le christianisme traite ses ennemis nous est devenue insupportable.

> 66 *En quoi nous ne sommes plus chrétiens: nous avons dépassé le christianisme, non pas parce que nous en sommes trop éloignés, mais parce que nous avons vécu trop près de lui, encore davantage parce que s'y trouvent nos racines — c'est notre piété plus sévère, plus exigeante, qui nous interdit aujourd'hui d'encore être chrétiens* 99 (Fragment posthume de 1885-1886, 2 [200]).

Oui, nous avons tué Dieu. Toutefois, ce sont notre conscience, notre rigueur, nos scrupules, notre sensibilité morale, l'honnêteté intellectuelle que Nietzsche nomme *probité* – toutes choses que nous devons à la religion – qui en sont coupables. Nous ne l'avons pas fait par manque d'amour. Au contraire, nous aurions souhaité que Dieu ne meure jamais, qu'il tienne ses promesses et respecte les valeurs qu'il nous a révélées. Sa mort est donc plus qu'une déception. Il s'agit d'une trahison, d'un véritable abandon. L'homme n'a plus de centre de gravité, est saisi de vertige et se sent en chute libre.

La mort de Dieu équivaut à une perte de sens et de direction. La religion chrétienne, avec son récit des origines et sa vision d'une fin du monde, avec sa cartographie d'un paradis et d'un enfer, plaçant l'homme sur terre entre le ciel et les ténèbres, a structuré le temps et l'espace. Elle a rendu la terre habitable pour l'homme en construisant des bornes, des murs, des jardins lointains pour reposer ses yeux, des cours intérieures pour le protéger des tempêtes du néant, des clochers et des minarets pour l'aider à se tenir droit. Avec ses Tables de la Loi, ses péchés et ses vertus, avec ses promesses d'une vie éternelle, d'une réparation des fautes et d'une récompense des sacrifices, la religion a donné à l'homme un but, une espérance, une consolation pour toutes les aigreurs de la vie. Or, avec la mort de Dieu, l'homme a perdu le cadre général qui lui faisait supporter les souffrances, les doutes et les absurdités de l'existence.

L'invention de Dieu est plus nihiliste que sa mort

On peut néanmoins se demander comment la simple perte d'une croyance, qui, de plus, s'est révélée mensongère, a pu rendre la vie insupportable. Comment se fait-il que nous ayons besoin d'un mensonge pour vivre ? Et si le problème était beaucoup plus profond que nous voulions le croire ? N'est-ce vraiment qu'en cessant de croire en Dieu que nous sommes devenus nihilistes, que nous avons perdu le but et les valeurs de la vie ? Au contraire, n'avions-nous pas plutôt *besoin* de croire en Dieu *parce que* nous étions *déjà* nihilistes, parce que *déjà* nous ne trouvions ni but ni valeurs dans la vie ?

Voilà l'intuition fondamentale, proprement géniale, de Nietzsche : le nihilisme ne commence pas avec la mort de Dieu, mais avec la naissance même de Dieu. Le nihilisme, ce n'est pas tant la chute des valeurs suprêmes que le besoin initial de les ériger, ce n'est pas tant le fait de cesser de croire que le besoin de croire. Nous ne sommes pas malades parce que nous ne prenons plus notre remède, mais parce que nous avons eu, en premier lieu, la nécessité d'un tel remède — inefficace et peut-être même toxique. La mort de Dieu n'est donc pas la *cause*, mais la *conséquence* du nihilisme. Nietzsche écrit :

> 66 *À prouver : que la manière de penser nihiliste est la* consé-quence *de la croyance aux valeurs* morales *et* sacerdotales : *quand la valeur a été posée de manière erronée, le monde paraît* dévalo-risé *lorsque cette fausseté est comprise* 99 (Fragment posthume de 1888, 22 [3]).

On voit bien ici l'erreur d'optique de ce nihilisme *secondaire* — la mort de Dieu — par rapport au nihilisme *primaire* — la naissance du Dieu chrétien : nous confondons la dévalorisation des valeurs chrétiennes avec la dévalorisation de la vie elle-même. Ce n'est pas parce que les valeurs chrétiennes se sont révélées fausses que la vie elle-même n'a plus de valeur.

Nos dieux de substitution

On pourrait objecter que tout cela est derrière nous, que la mort de Dieu fait désormais partie de l'histoire, que nous avons appris depuis à construire de nouvelles valeurs plus humaines et plus proches de la vie. Cependant la mort de Dieu n'est pas un événement unique. Un grand nombre de dieux meurent chaque jour : des dieux intimes, sociaux, politiques, artistiques, sentimentaux. Nous avons tous besoin d'une idole, d'un idéal, d'une petite ou d'une grande divinité – utopie politique, femme aimée, plan de carrière – pour donner un sens à notre vie, et nous nous effondrons à la mort de cet idéal. Nietzsche prévoit, en effet, que la mort de Dieu sera suivie d'innombrables morts de dieux de substitution. Nous ne sortons pas aussi facilement de nos habitudes et aurons besoin, pendant longtemps encore, d'ériger et de vénérer des idoles, si factices soient-elles.

> 66 Nouveaux combats — *Après que Bouddha fut mort, on montra encore son ombre durant des siècles dans une caverne, — une ombre formidable et terrifiante. Dieu est mort : mais l'espèce humaine est ainsi faite qu'il y aura encore durant des millénaires des cavernes au fond desquelles on montrera son ombre. Et nous, il nous faut aussi vaincre son ombre !* 99 (Le Gai Savoir, III, 108).

Nos terreurs modernes, héritières des terreurs chrétiennes

Le XXe siècle a été celui des ombres de Dieu, de ces idéologies et utopies qui se sont révélées des religions de substitution. La première ombre de Dieu était pour Nietzsche le socialisme – qu'il connaissait pourtant mal, le confondant souvent avec le communisme et l'anarchisme. Il ne voyait en lui que la continuation du christianisme par d'autres moyens. Et il avait vu juste : la découverte des horreurs de l'archipel du Goulag, de la Révolution culturelle chinoise, de l'autogénocide du peuple cambodgien par les Khmers rouges, et la chute finale du mur de Berlin ont été vécues par beaucoup comme un traumatisme égal ou supérieur à la mort de Dieu. Quant aux années qui suivirent – les années 1980 avec leurs hordes de trotskistes convertis en publicitaires, la recherche effrénée du profit, le relativisme culturel clinquant, la fascination ironique pour le mauvais goût, la provocation gratuite pour les uns, la descente aux enfers dans la drogue ou le terrorisme pour les autres –, elles étaient bien des années de nihilisme qui menaient soit à la dépression, soit au cynisme.

Pour Nietzsche, la deuxième ombre de Dieu est la science. Non pas le goût de l'expérimentation, l'art du doute ou de l'hypothèse audacieuse – aspects essentiels de la culture scientifique que Nietzsche revendique pour lui-même –, mais la foi aveugle et la croyance inflexible en une vérité absolue qui résoudrait tous nos problèmes sur une unique voie de salut. Les prétentions scientifiques les plus récentes, depuis la volonté de mener l'homme vers la vie éternelle jusqu'aux tentatives pour l'améliorer par la médication ou la manipulation génétique, donnent raison à Nietzsche : la science tend à occuper la place laissée vacante par la religion.

Ne pas avoir peur du nihilisme

L'analyse nietzschéenne du nihilisme culturel est tout aussi valable pour notre nihilisme intime, la dépression. Quand nous sommes trahis par un être aimé, déçus par une vocation ou un idéal politique, nous croyons que notre détresse est seulement due à la perte de notre idéal. Or, nous devons comprendre que cette détresse est bien plus ancienne, que c'est à cause d'elle que nous avions tant besoin de notre idéal. Nous sommes donc obligés de regarder le nihilisme en face et de supporter tant bien que mal le manque de sens dans notre vie. Nous ne pouvons pas nous le cacher en cherchant des dieux de substitution. Nous ne pouvons pas non plus revenir en arrière et retrouver refuge dans nos anciennes vénérations.

> 66 Soufflé dans l'oreille des conservateurs. — *Ce que l'on ne savait pas auparavant, que l'on sait, devrait savoir aujourd'hui, — une* régression, *un demi-tour en quelque sens et dans quelque mesure que ce soit, est absolument impossible. [...]*
> 66 *Il n'y a rien à y faire : il* faut *avancer, je veux dire* continuer pas à pas dans la décadence (— *telle est* ma *définition du "progrès" moderne...). On peut* entraver *ce développement, et en l'entravant, endiguer la dégénérescence elle-même, l'accumuler, lui faire gagner en véhémence et en* brusquerie : *on ne peut faire plus* 99
> (Le Crépuscule des idoles, « *Incursions d'un inactuel* », 43).

Face à la « crise des valeurs », oublions les valeurs et fonçons tête baissée dans la crise. Ce sera peut-être là, dans ce que Nietzsche appelle la « décadence », dans le dénuement total de sens, que nous verrons luire dans la nuit les étincelles de ce que seront *nos* valeurs : les valeurs que produit la vie elle-même.

Questions *vitales*

1. Vivez-vous des moments où tout vous semble dénué de sens, où plus rien ne vous intéresse ? Si oui, à quoi attribuez-vous cette perte de sens ? Tentez d'être le plus précis et le plus honnête possible dans la réponse, la question n'est pas simple !

2. Avez-vous besoin, pour vous sentir épanoui, d'un « idéal », d'une divinité pas forcément religieuse, d'un « but » qui vous vient de l'extérieur et non pas de vous-même ? Essayez d'expliquer pourquoi. Puis essayez de visualiser ce que serait votre vie sans cet idéal, cette divinité, ce but. Pourriez-vous supporter une telle vie ou vous paraîtrait-elle absurde ?

3. Réussissez-vous à trouver suffisamment de sens en vous-même, dans les petits gestes du quotidien, dans les mille surprises que vous réserve la vie ? Si la réponse est non, pouvez-vous essayer de

le faire, de trouver vous-même un sens ? En quoi la vie pourrait-elle être justifiée par elle-même, et ne plus avoir besoin d'être justifiée par un « idéal », un « dieu » ou une « valeur », quelque chose venu de l'extérieur ?

4. Comment réagissez-vous face à une perte, une déception, une trahison ? Voulez-vous retourner en arrière et retrouver ce que vous avez perdu ou cherchez-vous un substitut semblable à ce que vous avez perdu ?

5. Lors de cette perte, comment expliquez-vous l'état de détresse ou de déprime qui s'ensuit ? L'attribuez-vous seulement à la perte de l'objet aimé ou vénéré, ou pouvez-vous entrevoir que la détresse ressentie existait déjà avant la perte, avant même la rencontre avec l'idéal ou objet aimé ? La perception de cette détresse originaire vous fait-elle peur, honte ?

Le bonheur, pansement de ceux qui ne veulent plus rien

L'homme se trouve déchiré entre deux mondes, celui des anciens idéaux et celui de la réalité qu'il commence à percevoir. Dans le langage de la tradition philosophique platonicienne, il se rend compte que le Bien et le Vrai – ce qui est favorable à la vie et ce qui existe en réalité – ne sont pas identiques, comme le croyait Platon. L'homme se sent coupé en deux, avec une partie qui croit au Bien et l'autre au Vrai. Il voudrait adhérer aux mensonges qui lui permettent de vivre, mais sait qu'il n'en a plus le droit. Il devient ainsi une contradiction ambulante, puisque ses jugements et ses souhaits se contredisent.

> 66 *L'homme moderne représente, biologiquement, une contradiction des valeurs, il est assis entre deux chaises, il dit Oui et Non d'un seul et même souffle* 99 (Le Cas Wagner, épilogue).

Du confort d'être sceptique

L'incapacité de séparer le oui et le non devient ainsi une caractéristique majeure du nihilisme. Le nihiliste ne sait plus énoncer de oui franc, de non définitif. Il ne sait plus prendre partie, il sait aussi peu s'engager que renoncer. Il ne parvient plus à établir une hiérarchie des préférences. Quand il prend position, c'est toujours de manière au mieux ironique, au pire hypocrite. Le *scepticisme* devient ainsi la philosophie des époques nihilistes, quand elles ne versent pas, par compensation, dans son contraire : le *fanatisme*. Il y a pour Nietzsche deux manières de voir le scepticisme. D'un côté, il est la manifestation d'une grande liberté et d'une exigence intellectuelle : c'est la force d'un esprit qui refuse de se soumettre à tout dogme, à toute certitude rassurante. À ce titre, il est la condition préliminaire de toute pensée véritable. Être sceptique de cette manière active, c'est expérimenter de nouvelles idées et tenter de nouvelles manières de vivre.

> 66 *Je me félicite de tout scepticisme auquel il m'est permis de répondre : "Faisons l'essai !" Mais je ne veux plus entendre parler de ces choses et de ces questions qui n'admettent pas l'expérience. Telle est la frontière de mon "sens de la vérité". Car la bravoure y a perdu ses droits* 99 (Le Gai Savoir, I, 51).

Mais le scepticisme peut aussi être l'exact contraire. Il est alors un scepticisme *passif* qui traduit une *peur* d'affirmer, de défendre, de risquer une quelconque idée. Il devient une forme de *confort* intellectuel, un tranquillisant qui prévient l'action, un laxatif qui purge les idées noires. Dans ce sens, il s'affirme comme la philosophie la plus consensuelle qui soit : de peur de prendre parti, le sceptique finit par s'accommoder de tout.

> 66 *"N'a-t-on pas déjà les oreilles suffisamment remplies de bruits pénibles ? dit le sceptique, se posant en ami du calme et presque en espèce d'agent de police veillant à l'ordre public : ce non souterrain est intolérable ! Allez-vous enfin vous taire, taupes pessimistes !" C'est que le sceptique, cette créature délicate, ne s'effraie que trop aisément ; sa conscience est dressée à sursauter et à ressentir une espèce de morsure au moindre non, voire déjà à un oui résolu et ferme. Oui ! et Non ! — voilà qui heurte sa morale* 99 (Par-delà bien et mal, VI, 208).

Le scepticisme traduit ainsi une réaction de défense contre les idées qui pourraient nous mettre en péril. Mais il révèle aussi une forme de *faiblesse de la volonté* : l'incapacité de trancher, de nier comme d'affirmer, de s'engager corps et âme pour une idée. Le sceptique, comme le nihiliste, est quelqu'un qui a perdu ses instincts. Il ne sait plus ce qui est bon pour lui, ce que réclame son corps, et il cache ce désarroi sous une attitude intellectuelle. Si le scepticisme est donc dans un premier temps une libération – des contraintes de la tradition, de nos habitudes, de l'opinion dominante –, il faut par la suite apprendre à se libérer de cette libération sceptique.

La distinction entre ces deux scepticismes – le scepticisme du risque et le scepticisme du confort – se retrouve dans la distinction que fait Nietzsche entre deux manifestations du nihilisme : le nihilisme *actif* et le nihilisme *passif*. En effet, le nihilisme peut avoir pour cause la force de l'esprit comme sa faiblesse. Nous pouvons cesser de croire aux idéaux de notre époque parce que notre esprit est devenu trop fort, trop exigeant, trop fin, et qu'il ne voit de ces idéaux que leurs fragilités et leurs impostures. Mais nous pouvons aussi cesser de croire parce que notre esprit est devenu tellement faible que croire quoi que ce soit impliquerait trop d'effort. Nous sommes las, fatigués, ramollis et n'arrivons plus à *maintenir* nos anciennes valeurs. C'est alors que ce nihilisme *passif* devient une solution de facilité. On est comme soulagé de ne plus avoir à porter le poids d'une croyance et de ses exigences. Alors que le nihiliste *actif* profite du champ de ruines de nos valeurs comme d'un terrain de jeu pour en expérimenter de nouvelles, le nihiliste *passif* s'enferme dans la complaisance envers ce qui est dévalué. La fin des plus hautes valeurs devient l'excuse parfaite pour sa médiocrité et sa paresse.

C'est si doux de ne plus aspirer à rien

Pour le nihiliste passif, la dévalorisation des plus hautes valeurs est une aubaine. La chute des idéaux nous dispense de devoir être à la hauteur de l'effort et de la discipline qu'implique toute aspiration à un idéal. Malgré toutes les critiques que l'on peut adresser au christianisme, il faut admettre que ses idéaux ont imposé à l'homme une discipline qui l'a *obligé* à se dépasser : l'architecture monumentale des cathédrales, la finesse des portraits de la Vierge de la Renaissance italienne, la complexité de la musique religieuse, l'*Offrande musicale* de Bach n'en sont que quelques preuves. Cependant cette grandeur passée nous confronte à notre propre médiocrité. Voilà pourquoi le nihiliste *passif* se félicite de la disparition de tous les idéaux qui ne lui inspirent tout au plus que des « moqueries » incessantes.

C'est aussi pourquoi le nihiliste passif ne supporte aucune forme d'inégalité, de différence, de *distance* entre les individus et pourquoi il a besoin de se *frotter* sans cesse à ses semblables. L'égalité parfaite des hommes le dispense de devoir se mesurer aux autres. L'éventuelle supériorité de son voisin ne l'oblige plus à se remettre en question et à chercher à se dépasser. Pire, il pourrait arriver qu'en voyant l'excellence d'autrui il en vienne à se *mépriser* lui-même. Or si l'on n'est plus capable de *mépriser*, on est tout aussi incapable d'*admirer*. Les hommes semblent avoir banni ces deux sentiments, pourtant indispensables à toute conquête de soi.

Cette notion d'égalité – mais il y a bien sûr d'autres conceptions qui peuvent avoir l'effet contraire – a pour conséquence le *rétrécissement* général de l'homme. Puisque celui-ci n'a plus rien qui le dépasse – *ni Dieu ni maître* –, rien vers quoi *grandir*, il ne peut que s'amenuiser jusqu'à disparaître. Aux yeux de Nietzsche, cet homme est donc le *dernier*. En effet, quand l'être humain cesse de grandir, il touche à sa fin même si cette fin est interminable. Féru de santé comme il l'est, le *dernier homme* est dans l'histoire humaine celui qui vit le plus longtemps, mais la longévité est le seul but qui lui reste.

Le bonheur n'est jamais un but, seulement un effet secondaire

Quand on a perdu tous ses idéaux, de désir, de folie intérieure, il ne reste qu'une chose : le *bonheur.* Le bonheur est ainsi l'idéal nihiliste par excellence, l'idéal *par défaut* des époques de déclin, de décadence, d'épuisement. Ce n'est qu'en dernier recours qu'on désire être heureux : quand on n'a plus le courage de désirer, de vouloir, de se projeter hors de soi. Ce n'est certainement pas un hasard si l'on est aujourd'hui incapable de s'engager pour un projet collectif, si l'on voit d'un œil méfiant toute utopie, si l'on perçoit tous les projets du passé comme des échecs parfois meurtriers et si les livres abondent qui promettent d'apprendre comment « être heureux[1] ».

Le bonheur est certes un état réel et désirable. Toutefois Nietzsche ne cesse de rappeler qu'il n'est qu'un *effet secondaire.* Nous pouvons être heureux, mais seulement comme la conséquence de quelque chose de plus important, d'un but plus élevé. Nous sommes effectivement heureux quand nous avons réalisé un projet, surmonté un obstacle, réussi un pari, augmenté notre puissance. Cependant ce véritable bonheur est atteint quand nous visons autre chose – qui pourrait aussi bien nous rendre malheureux. Si nous n'aspirons qu'au bonheur en tant que tel, nous sommes assurés de ne rencontrer qu'un bonheur mesquin, fade, soporifique. Contre les *utilitaristes* anglais, qui posent le « plus grand bonheur du plus

---

1. Dont mon propre livre *Être heureux avec Spinoza*, Eyrolles, 2008. Mais dans le processus de guérison, le bonheur peut constituer une étape intermédiaire nécessaire, une phase de convalescence où l'on se ménage avec raison, où l'on se « prescrit une dose d'optimisme pour avoir un jour à nouveau le droit d'être pessimiste », histoire de reprendre ses forces pour affronter plus tard de véritables buts plus risqués.

grand nombre » comme but de toute société juste, Nietzsche écrit :

> 66 *Si l'on a son* pourquoi ? *relativement à la vie, on s'entend avec presque tous les* comment ? — *L'homme n'aspire* pas *au bonheur ; l'Anglais seul le fait* 99 (Le Crépuscule des idoles, « *Maximes et flèches* », 12).

Le bonheur *en tant que tel* n'est qu'un état vide, sans consistance. S'il est dépourvu de but, de contenu, d'enjeu, il n'est qu'un *néant*, défini seulement par ce qu'il n'est pas. Il est *absence* de douleur, de désir, d'agitation, de danger, mais il ne représente rien de positif par lui-même. C'est au mieux une forme de sommeil, au pire une forme de mort. D'où l'importance des « poisons » pour les derniers hommes. On croit résoudre les problèmes existentiels avec des psychotropes : un Prozac le matin, un Viagra le soir, un Stillnox la nuit, des tranquillisants pour les écoliers trop agités, des antidépresseurs pour les autres. C'est que le nihiliste passif ne supporte aucun trouble intérieur. Le dernier homme admet aussi peu de sentir quelque chose *en dessous* de lui que de deviner quelque chose *au-dessus*. Or, pour Nietzsche, nous avons besoin des deux pour nous élancer vers les hauteurs. Avons-nous encore assez de chaos – de désordre, de fourmillement, d'énergie brute – en nous ? Ou avons-nous tout fait pour l'étouffer, le domestiquer, non seulement à force de tranquillisants, mais aussi à force de *raison*, d'une planification et d'une rationalisation excessive de la vie ?

Le travail, ce tranquillisant des masses

L'un des poisons les plus efficaces pour tuer le chaos créateur en nous est le *travail*. On aime aujourd'hui voir celui-ci comme la seule voie de réalisation de soi, le moyen de « devenir ce que l'on est » en exploitant ses talents. Mais cette idée d'un travail émancipateur et épanouissant correspond-elle vraiment à la réalité sociale et économique du monde du travail ? Trouver sa place sur le marché de l'emploi n'implique-t-il pas plutôt tout le contraire, à savoir nous dévêtir de tout ce qui nous rend singuliers pour nous adapter à la demande du marché, aux exigences managériales, à la « philosophie d'une entreprise » ? Ainsi Nietzsche voit-il dans l'éloge de la « valeur travail » l'expression d'une crainte de ce qui est *individuel*, et donc rebelle et potentiellement menaçant pour le troupeau des *derniers hommes*.

> 66 *Au fond, on sent aujourd'hui, à la vue du travail — on vise toujours sous ce nom le dur labeur du matin au soir — qu'un tel travail constitue la meilleure des polices, qu'il tient chacun en bride et s'entend à entraver puissamment le développement de la raison, des désirs, du goût de l'indépendance. Car il consume une extraordinaire quantité de force nerveuse et la soustrait à la réflexion, à la méditation, à la rêverie, aux soucis, à l'amour et la haine, il présente constamment à la vue un but mesquin et assure des satisfactions faciles et régulières. Ainsi, une société où l'on travaille dur en permanence aura davantage de sécurité : et l'on adore aujourd'hui la sécurité comme la divinité suprême* 99 (Aurore, III, 173).

Rien de nouveau sous le soleil : déjà du temps de Nietzsche la survalorisation du travail allait de pair avec l'obsession sécuritaire. À l'évidence, nous trouvons aussi notre compte à nous abrutir dans le travail. Celui-ci est pour nous un *divertissement*, puisque au sens propre il détourne notre attention de nos angoisses, de nos rêves, de notre *chaos* intérieur aussi destructeur que créateur, et qu'à ce titre il fonctionne comme un tranquillisant.

La petite santé d'une vie longue et paisible

L'obsession *maladive* de la santé – ici la petite santé, non la grande –, le souci *sordide* de la longévité, tout comme l'hypocondrie, font aussi partie de cette conception aseptisée et stérile du bonheur que nous avons en commun avec les *derniers hommes*. La durée de la vie et la santé ne sont en elles-mêmes que des cadres vides s'ils ne sont pas remplis de l'intensité de la vie elle-même. Or, c'est l'intensité qui détermine la durée, et non le contraire[1] ! Quand on ne sait plus que faire de sa vie, il ne reste – dernière consolation – que l'espoir qu'elle sera longue…

> ❝ *Vouloir vivre éternellement et ne pas pouvoir mourir est en lui-même un signe de sénilité des sentiments : plus on vit pleinement et vigoureusement, plus vite on est prêt à donner sa vie pour une seule sensation bonne* ❞ *(Humain, trop humain, II, 2, 187, traduction modifiée).*

Ce sont les « sensations bonnes » qui comptent dans la vie. Il est alors logique qu'on sacrifie la quantité, la durée de la vie pour sa qualité, c'est-à-dire l'intensité des sensations qu'elle peut nous apporter.

La tyrannie de la crainte et le rapetissement de l'homme

Nos sociétés vivent sous ce que Nietzsche appelle une « tyrannie de la crainte ». Nos institutions, nos lois, nos préceptes de vie ne visent jamais à encourager ce qui vaudrait la peine d'être vécu, à promouvoir l'intensité de la vie, mais seulement à décourager ou à interdire ce qui pourrait éventuellement lui nuire. Ainsi, c'est la peur qui nous gouverne au lieu du désir. Pour quel résultat ? En voulant éliminer tout risque, toute source de souffrance, nous éliminons aussi toute possi-

---

1. Les vies de Mozart, Franz Schubert, Georg Büchner, Jim Morrison ou Jimi Hendrix ne sont que quelques exemples de ces vies extrêmement courtes mais tellement intenses que leur retentissement dans notre présent permet de conclure qu'elles sont en réalité éternelles.

bilité d'une intensification *inattendue* de la vie, nous stérilisons le hasard, nous l'amputons de tout ce qui pourrait déranger et *donc* nous inspirer, nous réveiller, nous renforcer : l'obsession sanitaire et sécuritaire contribue à *rétrécir* l'être humain.

> 66 *Avec un aussi monstrueux dessein de raboter toutes les aspérités et tous les angles de la vie, ne prenons-nous pas le court chemin pour transformer l'humanité en* sable ? *En sable ! Un sable fin, doux, rond, infini !* 99 (Aurore, III, 174).

Se posent alors les questions suivantes : de quoi avons-nous peur ? Que voulons-nous fuir, que voulons-nous à tout prix bannir, éliminer ? Pourquoi sommes-nous prêts, au nom de cette peur, à *réduire* la vie, à la rendre lisse, prévisible, indifférente ? Pourquoi sommes-nous prêts, au nom de cette peur, à sacrifier en même temps les aspects les plus désirables, les plus gratifiants de la vie ? Pour répondre, nous devons nous interroger sur le rôle de la *souffrance* dans nos vies.

Questions *vitales*

1. Sentez-vous dans votre vie un antagonisme entre ce que vous *souhaitez* et ce que vous *constatez*? Si oui, comment réagissez-vous à cette contradiction? Vivez-vous dans la dénégation idéaliste? Ou donnez-vous raison à la réalité et vous laissez-vous aller à la dépression pessimiste? L'équilibre des forces entre la perception du souhait et de la réalité vous paralyse-t-il, vous épuise-t-il, vous rend-il impossible toute prise de décision? Ou au contraire cet antagonisme vous pousse-t-il à agir de manière contradictoire, désordonnée, imprévisible, oscillant entre les deux extrêmes? Voyez-vous une autre solution? Sinon, qu'est-ce qui vous semble le plus désirable?

2. Avez-vous des idées arrêtées ou vous considérez-vous comme un sceptique? Si vous l'êtes, préférez-vous examiner les tenants et aboutissants avant de vous prononcer ou pouvez-vous

admettre que votre scepticisme relève plus d'une forme de peur et de confort : la peur de se tromper, le confort de ne pas avoir à se mouiller pour défendre une idée ?

3. Quelle réaction de votre part provoque la prise de conscience qu'il n'existe pas de sens global de l'existence ? La résignation ou le goût de l'expérimentation ? Si la dévalorisation des plus hautes valeurs vous pousse à la résignation, à vous complaire dans une douce déprime ou un bonheur mesquin, vous êtes un *nihiliste passif*. Si au contraire vous saisissez la chute des valeurs comme une chance, comme une occasion pour expérimenter de manière ludique et désabusée de nouvelles manières de vivre, vous êtes un *nihiliste actif*.

4. Comment vivez-vous l'inégalité entre les personnes ? Avez-vous besoin de sentir que vos semblables vous sont égaux ou l'inégalité est-elle un *stimulant* dans votre vie ? Voir que quelqu'un a mieux réussi que vous vous chagrine-t-il, vous rend-il aigri et morose ou cela enflamme-t-il vos propres ambitions ? Voir quelqu'un plus mal loti que vous vous met-il en rage ? Vous sentez-vous

coupable de votre propre réussite ou avez-vous
envie d'aider cette personne à s'élever en donnant
vous-même l'exemple ?

5. Voyez-vous le bonheur comme un aboutissement
   ou comme une consolation ? Est-il la récompense
   des risques dans la poursuite de vos buts ou la
   consolation des échecs que vous avez essuyés ?
   Pour être heureux, faut-il alors, selon vous, surtout éviter le malheur ou s'exposer au plus grand
   nombre possible d'expériences, y compris celles
   qui peuvent vous rendre malheureux ?

6. Aspirez-vous à une vie longue et paisible au risque
   qu'elle soit monotone, ou à une vie courte et
   intense ? Comment cette distinction détermine-t-
   elle vos choix de vie ?

7. Quel sens donnez-vous au travail dans votre vie ?
   S'agit-il d'un stimulant ou plutôt d'un tranquillisant ? Travaillez-vous surtout pour vous changer
   les idées, pour ne pas devoir penser à certaines
   choses ?

Quand l'absence de sens fait souffrir

Le bonheur nihiliste consiste à bannir toute source potentielle de souffrance ou d'égarement, au point d'appauvrir considérablement les expériences et les possibilités qui s'ouvrent à nous. Rien de plus sain, rien de plus normal que de fuir la souffrance et de rechercher le plaisir. Tout être vivant se comporte ainsi. Cet évitement spontané de la souffrance est même devenu dans la plupart des situations un automatisme auquel nous ne pensons plus. Mais cette tendance naturelle à éviter la souffrance nous autorise-t-elle à la condamner comme le mal absolu ? Rien n'est moins sûr.

Pourquoi sommes-nous aussi allergiques à la souffrance ?

C'est paradoxalement dans nos sociétés modernes où l'on a réussi, grâce à la médecine et l'adoucissement général des mœurs, à réduire la part de réelle douleur physique que nous sommes pourtant les plus allergiques à la souffrance, à des affections qu'à d'autres époques on aurait jugées imaginaires. Moins nous souffrons, plus nous devenons sensibles, et donc plus nous avons *l'impression* de souffrir.

> ❝ Notre *condition : notre bien-être économique fait croître la sensibilité ; on souffre des plus menues souffrances ; notre corps est mieux protégé, notre âme plus malade* ❞ (Fragment posthume de 1886-1887, 7 [7]).

Cette volonté d'expulser la souffrance induit aujourd'hui un effet paradoxal et inattendu auquel Nietzsche n'avait pas songé : de plus en plus de gens s'imposent eux-mêmes des douleurs gratuites et absurdes. Certaines personnes, par exemple, se mutilent, pratiquent des scarifications, aiment à se marquer dans leur chair. Peut-être avons-nous tellement stérilisé la vie que, pour certains, la seule possibilité de ressentir l'intensité de l'existence est de s'infliger des douleurs volontaires. Comme s'il fallait une blessure pour nous accrocher à notre corps et pour accrocher ce corps au monde, à un objet quelconque – une lame, une aiguille, un piercing. Face à cette vengeance retorse de la douleur, la question se pose du rôle de la souffrance. Est-il vraiment possible de l'éliminer de notre vie ?

Seuls les épuisés craignent la souffrance

Le jugement de Nietzsche est ici sans appel : seul un homme malade a pour but principal de ne plus jamais souffrir. L'obsession de la douleur – et donc de son contraire, le plaisir – est propre aux souffrants chroniques. Elle est un signe de l'épuisement, de la lassitude de celui qui n'a plus assez de force pour affronter la souffrance. La santé, elle, voit la souffrance comme un *stimulant*, une incitation à devenir plus fort, un ennemi qui nous fait jouir de l'idée de le vaincre.

> *Les hommes courageux et créateurs ne prennent jamais le plaisir et la douleur pour des questions ultimes de valeur — ce sont des états d'accompagnement, il faut vouloir les deux si on veut aboutir à quoi que ce soit. — Quelque chose de fatigué et de maladif s'exprime chez les métaphysiciens et les religieux quand ils voient au premier plan les problèmes de plaisir et de souffrance* (Fragment posthume de l'été 1887, 8 [2]).

Nous devons donc accepter la souffrance comme un ingrédient nécessaire et peut-être essentiel de la vie. Cela ne veut pas dire qu'il faille la rechercher délibérément – rien ne serait plus contraire à l'esprit du nietzschéisme –, mais il n'est plus question de l'éviter à tout prix. Au niveau le plus élémentaire, la douleur est un indicateur, un signal d'alerte essentiel à notre conduite comme à la conservation de l'espèce. Aucune expérience, aucun apprentissage n'est possible sans elle. Tout comme le plaisir, elle est un guide pour nos actions. C'est en ce sens qu'il y a « autant de sagesse dans la douleur que dans le plaisir » (*Le Gai Savoir*, IV, 318).

On ne peut risquer le plaisir sans risquer la douleur

La douleur n'est peut-être pas seulement nécessaire à la survie, mais aussi à l'expérience du plaisir lui-même. Si l'on découvre que l'un et l'autre sont nécessairement liés, diminuer l'un n'implique-t-il pas de diminuer l'autre ? Pouvons-nous ressentir du plaisir sans éprouver, ou du moins risquer, de la douleur ? Nietzsche est catégorique, l'un ne va pas sans l'autre.

> 66 *Et si plaisir et déplaisir étaient liés par un lien tel que celui qui veut avoir le plus possible de l'un doive aussi avoir le plus possible de l'autre, — que celui qui veut apprendre l'"allégresse qui enlève aux cieux" doive aussi être prêt au "triste à mourir" ?* 99 (Le Gai Savoir, I, 12).

On aura alors le choix : soit on réduit le plus possible la douleur, mais on réduira tout autant le plaisir, soit on accepte l'augmentation de la « douleur comme prix à payer pour la croissance d'une plénitude de plaisirs et de joies raffinés et jamais encore goûtés » (*ibid.*).

Pourquoi plaisir et douleur, joie et malheur sont-ils ainsi noués ? À un niveau trivial, chaque occasion de plaisir est aussi une cause de douleur potentielle. S'abandonner à une grande histoire d'amour signifie être prêt à affronter un grand chagrin d'amour : l'un ne va pas sans l'autre. Tout bonheur, tout plaisir comporte donc le risque de son contraire. Réduire le périmètre de ses expériences à celles où on est sûr de ne pas rencontrer de malheurs – sûr de ne pas être déçu, blessé, abandonné, trahi –, c'est donc réduire le périmètre de ses plaisirs et bonheurs possibles.

À un niveau plus profond, ce qui est en jeu, c'est notre sensibilité, notre capacité à éprouver des sensations, qu'elles soient plaisantes ou douloureuses. Il se pourrait que notre faculté de ressentir de la joie soit étroitement liée à notre faculté de ressentir de la peine. L'une et l'autre n'en feraient qu'une. Il faudrait donc avoir connu des détresses profondes pour connaître des jouissances profondes. Celui qui n'a jamais souffert n'aura que des joies superficielles. La douleur nous approfondit, elle nous apprend à connaître nos ressorts intimes et nous rend plus réceptifs à son opposé. La joie de celui qui a souffert est une joie plus riche, plus colorée, elle a gagné en définition, en nuances et en dimension.

> ❝ *L'homme supérieur devient sans cesse à la fois plus heureux et plus malheureux* ❞ *(Le Gai Savoir, IV, 301).*

L'aptitude à souffrir est ainsi non seulement un indice de notre aptitude à être heureux, mais aussi un indice de notre valeur en tant qu'êtres humains. D'une part la souffrance nous a donné de l'expérience, de la profondeur, une compréhension de nous-mêmes et de la vie. Elle est une preuve de l'étendue de notre sensibilité. D'autre part, la capacité à souffrir est un signe de notre *courage* et donc de notre force. Sommes-nous prêts à sacrifier une part de notre bien-être pour connaître un bonheur plus grand ?

Plaisir et douleur, deux faces d'une même médaille

Il se pourrait que la douleur soit non seulement une condition et une conséquence inévitable du plaisir, mais une partie intégrante du plaisir lui-même. Ce n'est pas être masochiste que de reconnaître qu'il existe des plaisirs où se mêle une part de douleur : un plat pimenté, un film à suspense, une musique dissonante. Ce sont paradoxalement nos plaisirs les plus intenses qui comportent le plus de douleur, comme si la douleur servait à intensifier le plaisir. Nietzsche formule l'hypothèse que le plaisir n'est peut-être qu'un certain *rythme,* un certain va-et-vient, une certaine oscillation de la douleur. En effet, si le plaisir consiste dans le relâchement d'une tension, il présuppose donc la montée de cette tension, qui a peut-être toujours quelque chose de douloureux. Avant l'invention des remontées mécaniques, il fallait bien souffrir en remontant la pente et prendre plaisir à la redescendre en glissant... Mais rien n'illustre mieux cette idée que le plaisir sexuel.

> 66 *Il y a même des cas où une espèce de plaisir dépend d'une certaine* séquence rythmique *de petites excitations douloureuses : c'est ainsi qu'une croissance très rapide du sentiment de puissance et de plaisir est atteinte. C'est par exemple le cas du chatouillement, ainsi que du chatouillement sexuel du coït ; nous voyons là la douleur agissant comme un ingrédient du plaisir. Il semble qu'une petite inhibition y soit surmontée, immédiatement suivie par une autre inhibition à son tour surmontée aussitôt — c'est ce jeu de résistance et de victoire qui excite le plus vigoureusement le sentiment global de puissance excédentaire et superflue qui constitue l'essence du plaisir* 99 (Fragment posthume de 1888, *14 [173]*).

Il est des moments où le plaisir sexuel est si intense qu'on ne sait plus le distinguer de la douleur. Plus exactement, son intensité est tellement forte que notre organisme a l'impression de ne plus pouvoir la supporter, de ne plus être assez fort pour elle, ce qui la fait ressembler à une douleur. Tout laisse à penser que l'intensité en tant que telle est une forme de souffrance. Dans ce cas, la frigidité pourrait être assimilée à la peur du plaisir par peur de la douleur. Et là encore, notre capacité à éprouver le premier est conditionnée par notre capacité à endurer la seconde.

L'homme accepte de souffrir s'il y voit un sens

Dans certaines situations, l'homme recherche délibérément la souffrance. C'est le cas des entraînements sportifs rigoureux, des exercices spirituels comme le jeûne, voire des véritables tortures que s'infligent les hindouistes lors de la fête indienne du Thaipusam. On se transperce la chair de flèches, de crochets, on marche sur des braises. Dans tous ces cas, l'homme accepte la souffrance parce qu'il croit y voir un *sens*. Le problème n'est donc pas la souffrance en elle-même, mais la question du *sens* de la souffrance : l'être humain souffre de *l'absence de sens* en tant que telle.

> 66 *[…] Son problème n'était pas la souffrance, mais plutôt qu'il n'y avait pas de réponse à son cri : "pourquoi la souffrance ?" L'homme, l'animal le plus vaillant et le plus endurci à la souffrance, ne refuse pas en soi la souffrance, il la veut, il la recherche même, pourvu qu'on lui montre le sens, un pourquoi de la souffrance* 99 (La Généalogie de la morale, III, 28).

Le nihilisme – le constat de l'absence de sens de la vie – n'est donc pas un phénomène récent, la simple conséquence du déclin des religions ou des idéologies. Il est bien l'« état normal » de l'homme, la maladie originaire dont il est atteint. Les animaux ont des instincts qui déterminent pour eux des actions précises et donc un but global de l'existence auquel ils n'ont pas à réfléchir. La force de l'être humain, c'est précisément de pouvoir choisir lui-même ce but, mais cette force devient aussi sa plus grande faiblesse et sa plus grande détresse.

Il cherche une finalité, une *intention* de la nature qui lui dicterait ce qu'il doit faire. Dès lors, quand il s'aperçoit que ses actions n'aboutissent pas à une amélioration de sa condition, il est déçu, voire désespéré. Ou bien il s'imagine au service d'un principe supérieur et se dévoue à une cause universelle. Cependant il sera également découragé en découvrant qu'il n'existe pas de plan général auquel se soumettre. En effet, le monde est un *devenir*, une évolution perpétuelle qui pourtant ne va nulle part, n'atteint jamais de terme, ne répond à aucun ordre préétabli, puisque sinon il cesserait de… *devenir.*

C'est par dépit qu'on invente des arrière-mondes

C'est alors que surgit la troisième incarnation du nihilisme : l'invention d'un arrière-monde, d'un au-delà imaginaire où enfin la vie aurait un sens et le monde une organisation.

> 66 *Étant donné ces deux* vérités, *à savoir qu'on n'atteint aucun but à travers le devenir et qu'il n'y règne aucune grande unité qui permettrait à l'individu de s'y plonger complètement, comme dans un élément de suprême valeur : il ne reste comme* échappatoire *que de condamner intégralement ce monde du devenir comme une illusion et d'inventer un monde qui se trouverait au-delà de celui-ci et qui serait le monde* vrai 99 (Fragment posthume de 1887-1888, 11 [99]).

L'arrière-monde de la métaphysique et de la religion – le ciel des idées platoniciennes et le paradis chrétien – comme l'après-monde des utopies politiques – la société sans classe dans laquelle se résoudraient tous les conflits sociaux, ou le marché transparent, libre et concurrentiel qui garantirait à tous une prospérité infinie – sont des idéaux qui servent de palliatifs pour masquer l'absurdité première que ressent

54

l'humain face à la vie. Pourquoi devons-nous fabriquer un monde irréel pour nous consoler de la réalité ? Comment en arrive-t-on à vénérer ce qui n'existe pas, parce que nous ne trouvons pas de sens dans ce qui existe ? Pour le dire avec les mots de Nietzsche :

> 66 *L'homme préfère encore vouloir le* néant *que de ne* pas *vouloir du tout* 99 (La Généalogie de la morale, *III, 28*).

La véritable maladie humaine, la véritable cause du nihilisme est une maladie de la *volonté*. Si l'on veut user d'un langage plus moderne, il faudrait parler d'une maladie de la *créativité*. Pourquoi, en effet, l'homme devrait-il trouver un sens préfabriqué, préemballé, prêt-à-porter ? N'est-ce pas le rôle de l'humain de donner lui-même un sens à *son* existence, de s'imposer *ses* buts, d'organiser *son* ordre ?

> 66 *Une mesure de la* force de la volonté *se situe dans le degré auquel on est capable de se passer d'un* sens des choses, *le degré auquel on supporte de vivre dans un monde insensé,* parce qu'on en organise soi-même une petite partie 99 (Fragment posthume de *1887, 9 [60])*.

Nous avons vu que le *scepticisme* – le refus d'adhérer à une idée et de la défendre – était un signe de faiblesse. Nous voyons maintenant ce qui semble être son contraire, le besoin de certitudes toutes faites, comme un autre signe de faiblesse. Il n'y a pourtant pas de contradiction. Dans les deux cas, il s'agit de l'incapacité de *créer soi-même du sens* et de s'y tenir.

Le fanatisme, cette drogue des volontés faibles

Face à cette faiblesse de la volonté, l'être humain est disposé à croire aux affabulations les plus délirantes – allant de l'astrologie jusqu'aux théories du complot – ou à se laisser embrumer par les manipulations les plus perverses – le mythe d'un « péché originel » qui expliquerait la souffrance humaine ou le texte falsifié du *Protocole des Sages de Sion* qui serait à l'origine d'une conspiration mondiale. De même l'homme n'hésite-t-il pas à se laisser malmener, tyranniser, torturer par n'importe quelle discipline abrutissante – le travail, la guerre, l'embrigadement sectaire – pourvu qu'elle lui procure le mirage d'un sens, d'un but auquel se livrer tout entier. Beaucoup sont prêts à tout pour échapper au caractère insensé de l'existence.

> ❝ *J'ai connu des cas où des jeunes hommes d'origine respectable, qui pendant longtemps ne savaient pas donner un but à leur vie, disparaissent à la fin dans des mouvements franchement malpropres – juste parce qu'ils leur offrent un but… Certains, par exemple, deviennent même antisémites…* ❞ (Fragment posthume de 1888, 22 [11]).

Ainsi le *fanatisme* est-il le frère jumeau du scepticisme, un faux remède pervers et mortifère contre l'absence de certitudes, une réaction défensive contre le non-sens de la vie. C'est le symptôme le plus pathologique de la faiblesse de la volonté. Le fanatisme apparaît comme une forme de drogue dont l'unique fonction est de nous faire oublier notre incertitude première.

> ❝ *Le fanatisme est en effet l'unique "force de volonté" à laquelle puissent être amenés aussi les faibles et les incertains, en tant qu'il est une espèce d'hypnotisation de l'ensemble du système sensible-intellectuel au profit de l'alimentation surabondante (hypertrophie) d'une unique manière de voir et de sentir qui domine désormais – le chrétien l'appelle sa foi* ❞ (Le Gai Savoir, V, 347).

Sommes-nous capables de nous proposer nos propres buts ? D'inventer nos propres idéaux ? De créer nous-mêmes le sens de notre existence ? Ou sommes-nous faibles et soumis au point d'être contraints d'attendre qu'on nous dicte un sens tout fait auquel obéir ?

Questions
vitales

1. Pourquoi recherchez-vous le bonheur? Pour fuir des états trop bien connus, des états douloureux? Ou pour découvrir un état, des sensations que vous n'avez pas encore connus? Et que seriez-vous prêt à endurer, à sacrifier pour connaître ces états de bonheur?

2. Comment concevez-vous votre bonheur? Comme l'absence de tracas, d'ennuis, de douleurs, de souffrance, ou comme une plénitude, une intensité dont font aussi partie les traces du malheur?

3. Est-ce que vous avez déjà reculé devant une expérience qui aurait pu vous amener au bonheur ou au plaisir par peur de la souffrance qu'elle pouvait entraîner? L'avez-vous regretté par la suite?

4. Est-ce qu'il vous est arrivé de vous faire du mal délibérément, de souffrir dans le but de souffrir?

Comment expliquez-vous cela ? Aviez-vous besoin de la souffrance pour donner un sens à votre vie ?

5. Avez-vous besoin de croire en un but de l'existence, qui donne sens à vos actions, qui vous indique une direction ? Ou pouvez-vous concevoir de vivre sans but préexistant, inventant votre vie au jour le jour, éventuellement vous inventant votre propre but ?

6. Avez-vous besoin de vous sentir partie d'un ordre qui vous dépasse, d'une totalité qui vous assigne une place bien précise dans la vie ? Avez-vous alors l'impression d'œuvrer avec d'autres à un bien commun, de n'être que le petit maillon d'une chaîne qui réalise quelque chose d'universel ? Mais si ce n'est pas le cas, s'il n'y a pas d'ordre universel mais juste un brassage chaotique d'individus et que vous êtes tout seul à devoir donner sens à votre vie ? Cette idée vous effraie-t-elle ?

7. Est-ce que vous avez déjà fanatiquement poursuivi une idée, une cause, un amour, une foi ? Qu'est-ce qui motivait ce fanatisme : une réelle passion pour son objet ou la fuite devant un néant ou une incertitude que vous affrontiez et dont vous ne vouliez pas prendre conscience ?

Se désintoxiquer de la morale

La volonté de puissance ou la perspective de la vie

La vie a-t-elle un sens ? Cette question peut nous paraître profonde, comme elle peut sembler *creuse*, vaine et éculée. Nous nous laissons torturer par elle jusqu'à l'épuisement et le dégoût et croyons parfois trouver cette réponse : la vie n'a pas de sens, elle ne vaut pas la peine d'être vécue. L'omniprésence de la souffrance et l'absence d'un but identifiable comme d'un ordre supérieur en seraient des preuves suffisantes.

La vie ne peut pas être évaluée

Avant même de songer à une réponse à la question « La vie a-t-elle un sens ? », nous pouvons déjà nous interroger sur le *sens* de la question elle-même. Sommes-nous réellement en mesure de nous la poser ? En réalité, la question du sens de la vie est elle-même dénuée de sens : ce n'est pas la vie qui est absurde, mais le questionnement sur son sens. En effet, déterminer le sens d'une chose ou en mesurer la valeur supposerait un *étalon* qui nous permettrait de mesurer cette valeur ou ce sens. Mais où trouverait-on cet étalon ? S'il se trouve à *l'intérieur* de la vie, alors nous présupposons une valeur à cette dernière, puisque l'étalon en fait partie. Est-ce à dire qu'il faudrait trouver cet étalon *en dehors* de la vie ? Cela nous est impossible : il faudrait alors *être mort pour juger de la valeur de la vie*. Nietzsche écrit donc :

> 66 La valeur de la vie ne saurait être évaluée. *Pas par un vivant, car il est partie, et même objet de litige ; pas davantage par un mort, pour une tout autre raison* 99 (Le Crépuscule des idoles, « Le problème de Socrate », 2).

Comme nous sommes *dans* la vie, la question de sa valeur nous est inaccessible, car il faudrait s'en extraire pour pouvoir la juger. Pourtant, nous ne pouvons pas nous empêcher d'évaluer, de donner du sens, d'apprécier et de déprécier, d'*interpréter*. Celui-là même qui remet en question le sens de la vie est en train de créer une valeur, une valeur négative. Il est en train de créer un sens : il décrète que le non-sens *est* le sens de la vie !

Le monde est chaos

Il est vrai pourtant qu'on n'arrive pas à trouver un sens *global* au monde. Il n'y a ni ordre ni finalité dans celui-ci, ce qui n'est pas la même chose que de dire qu'il n'a ni valeur ni sens. Le monde est essentiellement *chaos*.

> 66 *Le caractère général du monde est au contraire de toute éternité chaos, non pas au sens de l'absence de nécessité, mais au contraire au sens de l'absence d'ordre, d'articulation, de forme, de beauté, de sagesse et de tous nos anthropomorphismes esthétiques quelque nom qu'on leur donne. À en juger du point de vue de notre raison, ce sont les coups malheureux qui constituent la règle, les exceptions ne sont pas le but secret et tout le carillon répète éternellement son air, qui ne mérite jamais d'être qualifié de mélodie* 99 (Le Gai Savoir, III, 109).

Le texte de Nietzsche montre à quel point il est difficile de sortir de la perspective vitale pour décrire la réalité. Chacun de nos mots est un anthropomorphisme, autrement dit une représentation qui humanise l'univers et qui le décrit en fonction de *nos* besoins et de *nos* valeurs. Même le mot *chaos* est peut-être un anthropomorphisme s'il implique, par opposition, un ordre que nous croyons voir dans la réalité brute et qui y aurait été instauré par nos soins. Si nous regardons avec neutralité ce qui se passe dans la réalité – dans le monde humain, animal, végétal, et même dans le monde inorganique et dans l'univers – que pouvons-nous observer ? Nous voyons des torrents d'eau se frayer leur chemin à travers la terre, creusant la roche durant des siècles pour couler plus librement. Nous voyons des termites grignoter des arbres pendant des décennies jusqu'à abattre en une journée un chêne centenaire. Nous voyons des araignées tisser leur toile, le lierre envahir un mur, une entreprise racheter ses concurrents, un prédateur manger ses proies, des trous noirs engloutir des planètes, une planète entraîner des satellites dans son orbite. Aucun ordre, aucune loi ne semble régner dans ce spectacle où des forces s'affrontent, s'incorporent, se détruisent parfois ou s'allient.

Chaque élément qui compose ce monde, chaque unité humaine, animale, végétale et peut-être matérielle a pourtant son sens, et c'est toujours le même : croître, augmenter, s'épandre, s'intensifier, se renforcer. À ce but universel et inévitable de toute chose Nietzsche a donné un nom, qui l'a rendu célèbre pour de mauvaises raisons : la *volonté de puissance*.

> 66 *Mais qu'est-ce que la vie ? Sur ce point, une nouvelle version plus déterminée du concept de "vie" est donc nécessaire : à ce propos ma formule s'appelle : la vie est volonté de puissance* 99 (Fragment posthume de 1885-1886, 2 [190]).

La vie veut plus que vivre

La vie *n'est pas* simple volonté de vivre. On ne peut pas vouloir sans être déjà en vie, pourquoi voudrait-on alors ce qu'on a déjà ? La vie n'est pas non plus une simple lutte pour la *survie*. Aucun être ne se satisfait de simplement *survivre*. Le monde naturel serait infiniment plus pauvre si c'était le cas. Nous ne nous contentons pas d'être, nous voulons être *davantage*. Il suffit d'observer un chat mâle non seulement défendre son territoire, mais étendre celui-ci après chaque victoire jusqu'à vouloir conquérir des espaces si éloignés de son foyer qu'il sera nécessairement vaincu et de la manière la plus brutale. Il suffit encore de voir certains hommes d'affaires partis de rien qui, devenus multimillionnaires par la voie légale, sont encore tentés par l'illégalité et finissent en prison. Ces exemples montrent que la *survie* est tellement peu notre objectif que, pour accroître notre puissance, nous sommes prêts à la mettre en péril, à la sacrifier pour un gain purement hypothétique. En réalité, c'est seulement dans des situations d'extrême faiblesse que nous ne cherchons qu'à survivre.

L'extrême violence que *peut* employer la volonté de puissance pour arriver à ses fins – mais ces moyens ne sont pas nécessairement violents, c'est quand la puissance est la plus faible qu'elle est la plus brutale – est d'autant plus choquante que le but semble gratuit, presque irrationnel : non pas survivre, mais devenir plus puissant. La vie n'est ni économe ni calculatrice, elle dilapide ses forces dans l'excès du « toujours plus ». Il suffit de regarder ces plantes qui meurent trop vite parce qu'elles poussent prématurément et trop haut.

Lutter contre la puissance est encore affirmer sa puissance

On peut condamner l'*immoralité* de cette lutte sans fin qu'est la vie et trouver absurde cette poursuite incessante de la puissance. On peut même estimer que la vocation de l'homme est de mettre fin à cette lutte insensée, de trouver la paix tant intérieure qu'extérieure et de renoncer à la puissance. Cependant la lutte contre la lutte est encore une lutte. Quand nous condamnons la volonté de puissance, c'est encore notre volonté de puissance qui condamne. Et elle y trouve satisfaction, puisque nous augmentons notre puissance comme « autorité morale », comme « juge de l'humanité », comme « militant pour l'entente et l'amélioration de l'être humain ».

L'ascète qui se retire dans la forêt comme ermite est motivé par sa volonté de puissance : la puissance de l'autonomie et le pouvoir sur son corps. Le scientifique qui renonce aux jeux de pouvoir politiques et aux transactions économiques recherche encore la puissance lorsqu'il soumet la nature à *sa* compréhension et à *sa* théorie. Par son intellect, il devient maître des atomes et de l'orbite des planètes, ce qui est plus grandiose encore que de diriger une entreprise ou un parti politique.

Nous voyons pourquoi il est vain de se demander s'il faut encourager ou combattre cette volonté de puissance. Nous ne pouvons y échapper. Nous *sommes* volonté de puissance ou plutôt tout un faisceau de volontés qui luttent pour le pouvoir au sein même de notre personne. Ce sont nos instincts, nos valeurs, nos pulsions, nos idées, nos habitudes qui veulent dominer les autres. Si nous réussissons à nous opposer à notre volonté de puissance, ce n'est que par une volonté de puissance encore plus forte qui avance masquée, comme celle du moraliste, du philosophe ou de l'ascète.

C'est notre volonté de puissance qui nous pousse à nous soumettre

Voilà pourquoi les comportements qui semblent le plus contraires à la volonté de puissance en sont encore des illustrations, parfois extrêmes. Se soumettre à une autorité est apparemment le contraire de la volonté de dominer autrui. Pourtant, en obéissant, on participe de la puissance dominante, on en devient en quelque sorte le *parasite*. On profite de cette force qui nous est supérieure pour soumettre ce qui est plus faible que nous.

> *Où j'ai trouvé du vivant, j'ai trouvé de la volonté de puissance ; et même dans la volonté du servant je trouvais la volonté de devenir maître.*

«Et tout comme ce qu'il y a de plus petit s'abandonne à ce qui est plus grand pour qu'il ait plaisir et puissance dans ce qu'il y a de plus petit : de même ce qui est plus grand s'abandonne et met sa vie en jeu pour la puissance 💬 (Ainsi parlait Zarathoustra, II, «Du dépassement de Soi»).

Chaque soldat dans l'armée et chaque cadre dans une entreprise – supérieur ou pas – sait que la soumission totale lui permet de participer par procuration à la domination absolue. Le *sacrifice* semble lui aussi contraire à la volonté de puissance. Toutefois, se sacrifier pour une idée ou une cause revient à incarner à soi seul la puissance de cette idée ou de cette cause. Aucune théorie de l'autoconservation ne pourrait expliquer pourquoi des jeunes hommes pleins d'avenir deviennent volontairement des bombes ambulantes. En réalité, en se faisant exploser en pleine rue ou en plein vol et en tuant plusieurs dizaines de personnes, ils atteignent dans la mort une puissance qu'ils ne pourraient jamais connaître dans la vie. La morale du sacrifice peut prendre des formes beaucoup plus modérées et pacifiques que le martyre, comme l'abnégation dans le travail, l'action sociale charitable ou le renoncement à un héritage comme le fit le philosophe Wittgenstein. Nietzsche la décrit ainsi :

💬 *Car tout en vous sacrifiant avec enthousiasme et en vous immolant vous-mêmes, vous jouissez de l'ivresse que procure la pensée de ne plus faire qu'un, désormais, avec le puissant, fût-il dieu ou homme, auquel vous vous consacrez : vous êtes enivrés du sentiment de sa puissance que vient de confirmer un nouveau sacrifice. En vérité vous vous sacrifiez seulement en apparence, car par la pensée vous vous métamorphosez plutôt en dieux, et vous jouissez de vous-mêmes comme si vous étiez des dieux* 💬 (Aurore, IV, 215).

La valeur de la vie se situe dans la puissance

Admettons que la volonté de puissance soit la vie même – dans ses pires comme dans ses meilleures manifestations. S'il existe une valeur de la vie, elle doit donc se situer dans le mouvement même de la vie qu'est la puissance. Dans un de ses derniers textes, *L'Antéchrist*, Nietzsche récapitule d'une manière on ne peut plus claire :

> **66** *Qu'est-ce qui est bon ? — Tout ce qui élève en l'homme le senti-ment de la puissance, la volonté de puissance, la puissance même. « Qu'est-ce qui est mauvais ? — Tout ce qui provient de la faiblesse. « Qu'est-ce que le bonheur ? — Le sentiment que la force* croît, *qu'une résistance est surmontée* **99** (L'Antéchrist, 2).

La vie n'est donc pas dénuée de valeur. Celle-ci ne se trouve pas à l'extérieur de la vie, dans un ordre global de l'univers, dans un but vers lequel tout conspire, une providence, un sens caché de toute chose. Elle se trouve dans chaque acte, chaque geste, chaque mouvement, autrement dit dans le degré de puissance que nous atteignons, dans le sentiment de puissance que nous éprouvons. On comprend dès lors pourquoi douleur et plaisir, malheur et bonheur ne sont que des *épiphénomènes*, des effets secondaires. Nous ressentons du plaisir quand notre puissance augmente – après avoir surmonté une résistance – et de la douleur quand notre puissance diminue – en succombant à une résistance.

La volonté de puissance est générosité créative

Si la valeur immanente à la vie est le sentiment de puissance, cette valeur peut nous paraître absurde, parce que purement mécanique et quantitative. Pourquoi cette course effrénée vers le toujours plus ? Serions-nous comme les animaux, déterminés par un pur instinct ? La croissance comme unique but ne revêt pas à elle seule une signification suffisante. C'est oublier pourtant le second aspect de la volonté de puissance : l'augmentation de puissance consiste aussi en une *organisation*, une *mise en forme*. Elle est *construction d'un certain ordre* dans le chaos qu'est le monde. Autrement dit, imposer sa puissance sur les choses, c'est leur *donner un sens*.

C'est pourquoi la volonté de puissance ne peut pas être simple brutalité. La violence, comme l'oppression, est un symptôme de faiblesse et non de force. Un pouvoir qui a besoin d'opprimer ses sujets est un pouvoir qui n'a pas assez d'autorité légitime pour se faire obéir, et plus il opprimera, plus il deviendra faible puisqu'il détruit la base qui le soutient. C'est parce qu'on manque soi-même de puissance qu'on veut s'accaparer ou détruire celle des autres.

Au contraire, la volonté de puissance au sens nietzschéen est surabondance de force qu'on a besoin d'extérioriser. C'est un trop-plein qu'il faut transmettre aux autres. Donner du sens grâce à la puissance, c'est donc donner tout court. Un compositeur qui dirige un orchestre symphonique lui *donne* son œuvre, son rythme et sa mélodie. Sans lui, les musiciens ne sauraient ni quoi jouer ni comment s'accorder les uns aux autres. La domination du chef sur l'orchestre ne repose que sur le *don* qu'il leur fait. Un chef d'entreprise commande à ses employés, parce qu'il leur a donné un but collectif, et sans sa volonté d'entreprendre, ils seraient peut-être chômeurs. Nietzsche appelle donc la volonté de puissance la « vertu du don ».

> 66 *Appétit de domination : pourtant qui nommerait maladie un tel besoin qui porte ce qui est haut à aspirer, en bas, à la puissance ? Il n'y a rien de maladif, rien de morbide dans une telle aspiration, dans une telle descente !*
>
> *« Que la hauteur solitaire ne soit pas éternellement vouée à la solitude et ne se contente pas éternellement d'elle-même ; que la montagne descende à la vallée et que les vents des sommets descendent vers les bas-fonds* 99 (Ainsi parlait Zarathoustra, III, « Des trois maux », 2).

Quand une authentique volonté de puissance se manifeste, c'est toujours pour donner un peu d'elle-même à ce qui est plus bas ou plus faible. Ainsi, commander, c'est donner et obéir, c'est recevoir : la volonté de puissance se trouve bien davantage chez les créateurs que chez les dictateurs.

Affirmer sa puissance, c'est créer du sens

La première manière de prendre possession d'une chose, d'en devenir le maître, c'est de lui trouver une utilité, de lui imprimer une fonction, d'en créer une compréhension relative à notre volonté. La volonté de puissance est toujours une *interprétation* de la réalité.

> **❝** *La volonté de puissance* interprète : *dans la formation d'un organe il s'agit d'une interprétation, elle délimite, détermine des degrés et des différences de puissance. [...] En vérité* l'interprétation est en elle-même un moyen pour devenir maître de quelque chose **❞** (Fragment posthume de 1885, 2 [148]).

Ce processus ne se limite pas aux êtres humains dans leur dimension psychique. Les organes aussi sont des interprétations qui disposent les cellules de manière à servir les besoins du corps. De même, le lierre qui envahit le mur *interprète* cette surface comme un moyen de capter la lumière du soleil et de se développer, le torrent qui creuse la roche l'interprète, lui donne un nouveau sens en la disposant de manière à servir de bassin d'écoulement. Nous ne pouvons donc pas séparer connaissance et action, théorie et pratique : la connaissance se fait toujours dans la perspective de la vie. C'est toujours une pulsion, un désir, un besoin qui nous pousse à connaître telle ou telle chose, à en voir certains traits et à en oublier d'autres, à grossir tel détail et à en minimiser tel autre. Voilà pourquoi :

> **❝** *Il n'y a pas de faits mais seulement des interprétations* **❞** (Fragment posthume de 1887, 7 [60]).

On pourrait objecter que derrière nos interprétations il doit bien y avoir une réalité qui en constitue l'objet. Cependant Nietzsche affirme que les faits sont *eux-mêmes* des interprétations d'autres faits. Tout passe par le prisme de notre vision et de notre cerveau. Tout passe aussi par l'intention propre de chaque élément de la nature pour accomplir son chemin de développement.

Les mille et un textes de la réalité

Le monde n'est donc pas dénué de sens, loin de là. L'univers fourmille d'une infinité de sens. Si chaque être interprète la réalité à partir de sa propre perspective, il y a une multitude d'interprétations du monde, de la plus étroite à la plus large. Ainsi, un « nouvel infini » s'ouvre à nous : l'abîme de la multiplicité de sens que génère la vie.

> 66 *Le monde nous est bien plutôt devenu, une fois encore, "infini" : dans la mesure où nous ne pouvons pas écarter la possibilité qu'il renferme en lui des interprétations infinies* 99 (Le Gai Savoir, V, 374).

Apprendre que « la vérité n'existe pas », que « le monde est faux » a de quoi désespérer. Ainsi en va-t-il du nihiliste, dépité par l'absence de vérité universelle, se croyant condamné à une vision étriquée. Mais Nietzsche voit dans cette prolifération labyrinthique de perspectives une véritable promesse. Nous ne sommes justement *pas* les prisonniers d'un sens unique de la vie, tel que le pessimisme ou le nihilisme chrétien voudraient nous le prescrire. Et nous pouvons, en augmentant notre puissance, *élargir* notre optique sur la vie, créer de nouveaux sens, plus élevés, plus riches et plus nuancés. Voilà pourquoi Zarathoustra s'exclame que « vouloir libère » : la volonté, dans la mesure où elle est toujours une interprétation créatrice de sens, nous libère du nihilisme, de l'attente lasse d'un sens qui ne vient jamais, de la ritournelle essoufflée du « tout est en vain ».

Questions vitales

1. Vous êtes-vous déjà demandé si la vie avait un sens ? Qu'est-ce qui vous pousse à vous poser cette question ? D'après vous, qu'est-ce qui devrait mesurer le sens de la vie, être l'étalon de sa valeur ?

2. Quelles expériences vous donnent un sentiment de puissance ? Essayez de décrire cette sensation. Est-ce un sentiment de calme, de sûreté, ou au contraire un sentiment d'excitation, d'ivresse ? Sentez-vous davantage votre puissance en maîtrisant les choses ou les autres, ou en vous maîtrisant vous-même ?

3. Est-ce que vous êtes à l'aise dans des situations où vous devez donner des ordres, diriger ou mener d'autres personnes ? Avez-vous alors l'impression de simplement utiliser – voire d'abuser de – votre pouvoir, ou au contraire de donner, de transmettre quelque chose par vos ordres ? Si vous êtes mal

à l'aise avec le pouvoir, pouvez-vous adopter comme règle de ne donner un ordre que s'il est en même temps un don, la transmission de quelque chose de précieux pour celui qui obéit?

4. De même, êtes-vous mal à l'aise en devant obéir, recevoir des ordres? Pouvez-vous distinguer les ordres qui sont un réel don, lequel vous enrichit et vous renforce, et les ordres qui ne sont que les gesticulations d'un pouvoir arbitraire?

5. Peut-être êtes-vous contre l'exercice du pouvoir et les démonstrations de puissance. Mais pouvez-vous déceler une volonté de puissance dans les comportements qui en semblent les plus contraires: l'abnégation, le renoncement, la soumission, la pensée désintéressée? En chacun de vos comportements et attitudes, pouvez-vous deviner quelle est la puissance que vous cherchez à consolider?

6. La volonté de puissance interprète le monde: essayez de découvrir en quoi les domaines dans lesquels vous sentez le plus votre puissance déterminent vos jugements de valeur sur les choses, en quoi vos sentiments de puissance et d'impuissance décident de votre perspective sur la vie.

7. Êtes-vous conscient que votre vision du monde n'est que votre interprétation, votre perspective vitale déterminée par vos besoins, vos faiblesses et vos forces ? Pouvez-vous imaginer d'autres perspectives, peut-être radicalement différentes de la vôtre ? Essayez de deviner de quels besoins, forces et faiblesses dérivent les visions du monde, valeurs et idéaux qui vous paraissent les plus éloignés et les plus hostiles aux vôtres ?

Comment la morale a mis le monde à l'envers

L'hypothèse de la volonté de puissance offre à Nietzsche une méthode – qu'il appelle *généalogie* – pour découvrir les motivations profondes d'une vision du monde: d'une philosophie, d'une morale, d'une religion ou d'un idéal politique. Nous savons désormais que chaque jugement de valeur est une *perspective*, une interprétation de la réalité en fonction de certains besoins, de certains instincts, d'une volonté d'étendre et de consolider sa puissance. Aucune idée n'est donc désintéressée, toute théorie a une raison d'être *pratique* qui consiste à justifier l'existence et la manière de vivre de celui qui la proclame.

Mais si derrière toute pensée il y a la vie, si la philosophie, la morale et la religion ne sont en dernier lieu que la défense d'un certain type de vie, comment serait-il possible qu'existent des pensées *hostiles* à la vie, des philosophies ou des religions déclarant la guerre à tout ce qui est vivant, à ce qui intensifie et enrichit la vie? Comment la vie peut-elle nier la vie?

Nous avons rencontré le problème dans la philosophie pessimiste de Schopenhauer, qui ne voit de salut que dans la « négation de la volonté de vivre ». Toutefois, les symptômes les plus répandus et les plus fatals d'une telle négation de la vie se trouvent certainement dans les grandes religions et notamment dans le culte de la mort et de la haine qu'est, aux yeux de Nietzsche, le *christianisme*.

Le christianisme, ce culte de la mort

Comment une religion qui se prétend « religion de l'amour » peut-elle choisir comme symbole un instrument de meurtre et de torture, le crucifix ? Nous nous étonnerions de voir des personnes saines d'esprit porter une mitrailleuse, une chaise électrique ou une chambre à gaz miniature à leur cou, mais la vue d'un crucifix ne nous choque guère tant nous sommes imprégnés du poison de cette religion, tant nous en sommes encore victimes sans le savoir.

Ce qui caractérise la religion chrétienne, c'est d'une part la dépréciation systématique de tout ce qui nourrit la vie, et d'autre part la célébration de réalités inexistantes, purement fictives, donc du néant et de la mort. D'un côté, le christianisme condamne toutes les conditions d'une vie riche, intense, grandissante, au premier rang desquelles se trouve la sexualité, le plus grand plaisir que l'être humain puisse connaître et la condition élémentaire de la survie de l'espèce. D'un autre côté, la religion a souvent valorisé le contraire de la beauté, de l'intelligence, de la force, de la créativité et du bonheur : ce sont la « pauvreté spirituelle » que vantent les Béatitudes du Sermon sur la montagne, la laideur, la « pureté », la lâcheté, la faiblesse, l'humilité, la tristesse. Le christianisme veut détruire tout ce qui est vivant, qui renforce et séduit, au profit de ce qui affaiblit, déprime et, en dernier lieu, étrangle la vie. En même temps, il exalte comme réalité ultime des vacuités mensongères telles que le « Jugement dernier », la « Trinité », « Dieu », l'« au-delà », la « vie éternelle », la « résurrection des corps », l'« âme », etc.

L'amour de l'idéal n'est que haine du réel

Comment en vient-on à préférer le néant – ce que les chrétiens appellent « Dieu » ou « au-delà » – au monde, l'idéal à la réalité ? Nietzsche découvre qu'il y a un lien profond entre la valorisation du néant idéal et la dépréciation de la vie réelle si caractéristique du christianisme : ils vont nécessairement de pair. C'est toujours pour se *venger* de la réalité qu'on a besoin d'ériger des idéaux.

> ❝ *Pour quoi faire un au-delà si ce n'était un moyen de souiller l'ici-bas ?* ❞ (Le Crépuscule des idoles, « Incursions d'un inactuel », 34).

La construction de l'idéal présuppose toujours la destruction, l'avilissement, la calomnie de la réalité. Il est pourtant facile de reconnaître que la réalité *vaut toujours mieux* que l'idéal, car la réalité même la plus médiocre a l'immense avantage *d'exister*. Rien que pour cela, le monde réel, avec ses souffrances, ses drames, ses injustices, a infiniment plus d'intérêt que le paradis chrétien ou l'utopie communiste. Car l'homme réel est aussi plus riche en détails, en surprises, en nuances que l'abstraction creuse d'une idée. De la même façon, le pire criminel, l'imbécile le plus prévisible a infiniment plus de valeur que la fiction d'un homme « bon », d'un homme « parfait », d'un homme tel qu'on souhaiterait qu'il existe.

> ❝ *Ce qui justifie l'homme, c'est sa réalité — elle le justifiera pour l'éternité. Dans quelle proportion l'homme réel est-il supérieur en valeur, comparé à un homme simplement désiré, rêvé, cousu de mensonge ? à un homme idéal ?... Et seul l'homme idéal heurte le goût du philosophe* ❞ (Le Crépuscule des idoles, « Incursions d'un inactuel », 32).

Si l'on regarde l'histoire *réelle* du christianisme — en contradiction absolue avec son dogme d'amour et de paix —, il faut bien donner raison à Nietzsche. La cruauté inouïe avec laquelle cette religion a persécuté ses ennemis et intimidé ses fidèles, les tortures, interrogatoires, supplices, exercices ascétiques, carnages et meurtres de masse, les procès en sorcellerie et en hérésie, le sadisme des représentations de l'enfer et de l'éducation des enfants – tout montre que l'amour chrétien est en réalité un *masque* apposé sur une profonde *haine* de l'homme.

Les réalisations effectives des utopies communistes ont à cet égard fidèlement copié le christianisme. Par déception de voir l'homme post-révolutionnaire correspondre si peu à l'idéal rêvé de la théorie communiste, on a préféré l'abattre proprement pour ne plus avoir sous les yeux cette preuve d'échec. Mao écrit dans son « Petit Livre rouge » que la guerre ne sera pas terminée lorsque l'ennemi extérieur aura été vaincu, car il restera à vaincre l'ennemi *intérieur.* Tout laisse à penser que le véritable but de Mao n'était pas une société sans classes et sans injustice, mais la guerre contre *l'homme en tant que tel.* Sans aller jusqu'à ces extrêmes, ce type de mécanisme abonde dans nos vies où l'érection d'un idéal n'est que le cache-misère d'un profond dégoût de la réalité. Ainsi ces séducteurs compulsifs dont la quête effrénée de la femme idéale dissimule leur haine de toute femme réelle…

Une morale noble célèbre la vie au lieu de la condamner

Toutes nos valeurs ne sont-elles alors qu'une manière de nier la réalité ? Toute morale est-elle nécessairement le procès de ce qui existe réellement ? Nietzsche montre qu'il existe une forme plus originaire de la morale qui, au lieu d'avilir la réalité, la *célèbre.* Ce type de morale, plutôt que de condamner le mal en l'homme, honore tout ce qu'il a d'excellent et tout ce que la vie a d'enivrant, de noble, d'intense.

Le premier trait de cette morale, que Nietzsche appelle morale « aristocratique » ou morale des maîtres ou des seigneurs, est qu'elle ne commence pas par juger les *autres.* Celui qui la suit s'évertue plutôt à voir en lui ce qui est digne d'éloge et à pérenniser son *propre* bonheur, son talent, sa beauté, son intelligence ou son courage. Les premiers jugements de cette morale aristocratique viennent donc du contentement d'être soi-même, de la gratitude envers la vie, et chacun peut prendre ainsi son envol en s'exclamant : « Nous les nobles, nous les bons, les beaux, les heureux ! »

Il s'agit d'une morale *active*, affirmative, positive. Son premier geste est un acquiescement à la vie. Ce n'est que dans un second temps qu'elle déduit de l'appréciation de son propre bonheur la notion de ce qui est « mauvais », à savoir ce qui n'est pas à la hauteur de la vie qu'on a la chance de vivre, ce qui est malheureux, faible, vulgaire, raté. C'est ainsi que le pauvre ou l'esclave apparaît à l'aristocrate. Chez lui, le terme « mauvais » n'est pas trempé de haine, tout au plus de mépris, parfois de pitié, mais surtout de ce que Nietzsche appelle le *pathos de la distance* : le « bon » ne veut pas combattre ou détruire ce qu'il juge « mauvais », il lui suffit de le garder à distance. L'important dans ce type de morale, c'est que le terme positif sert d'évaluation originaire et le terme négatif n'en est que l'ombre, l'écho sans conséquence. C'est ce qui est bon qui décide de ce qui est mauvais, et non le contraire.

Quand on ne trouve sa valeur qu'en condamnant les autres

Comment en est-on arrivé à la morale judéo-chrétienne qui se fonde non pas sur l'affirmation mais sur la négation de la vie ? Ce que Nietzsche appelle la « morale des esclaves » provient d'un renversement point par point de la morale des maîtres.

> 66 *Alors que toute morale noble procède d'un dire-oui triomphant à soi-même, la morale des esclaves dit non d'emblée à un "extérieur", à un "autrement", à un "non-soi" : et c'est ce non-là qui est son acte créateur. Ce retournement du regard évaluateur, cette nécessité de se diriger vers l'extérieur au lieu de revenir sur soi appartient en propre au ressentiment : pour naître, la morale d'esclave a toujours besoin d'un monde extérieur, d'un contre-monde, elle a besoin, en*

termes physiologiques, de stimuli extérieurs pour agir ; son action est fondamentalement réaction 🙻 *(La Généalogie de la morale, I, 10).*

Il ne s'agit pas ici de mettre en doute la détresse bien réelle des opprimés, ni de défendre la brutalité et l'égoïsme des maîtres. Cependant, s'il eût été souhaitable que les esclaves sachent se défendre et échapper à la servitude, on peut néanmoins contester l'astuce par laquelle ils ont réussi à se mentir sur les causes de leur échec. Ils ont construit leur morale par l'inversion systématique de la morale aristocratique. La morale des esclaves est ainsi purement *réactive*. Elle crée ses valeurs en niant les valeurs aristocratiques. Les valeurs positives – ce qu'on estime bon ou bien – ne sont pas les valeurs premières, mais les conséquences d'appréciations négatives – ce qu'on estime mal ou mauvais. C'est donc dans le refus et l'opposition que cette morale prend son envol.

Nous voyons donc d'où viennent les valeurs chrétiennes : de la *négation* systématique de la morale aristocratique, du renversement de la valeur accordée à la force vitale. Ainsi, tout ce que l'aristocrate jugeait « mauvais » devient « bon » par pure contradiction. La faiblesse devient du mérite, l'impuissance devient bonté, la crainte devient l'humilité, la lâcheté devient patience, la vengeance devient justice… jusqu'à ce que la haine, certainement justifiée, de l'esclave pour ses maîtres finisse par s'appeler « amour ».

Cette inversion morale ne sert pas en réalité l'intérêt des esclaves, puisque, au moins dans un premier temps, elle les encourage à se complaire dans la faiblesse. Surtout, ces valeurs ne sont pas authentiques. Elles ne correspondent à aucune expérience concrète de la valeur que peut produire la vie. Ce sont des dérivatifs, des *réactions*, des reflets inversés de valeurs plus originaires, celles des maîtres. Il s'agit à proprement parler de valeurs *irréelles*.

Ne pas choisir ses valeurs par dépit

La morale des esclaves ne commence pas en disant *oui*, mais en disant *non*. Leur *oui* n'est jamais un *oui* franc, direct, mais seulement une manière détournée et honteuse de dire *non* à son contraire. De multiples manières, nous sommes les héritiers de ce mode d'évaluation chrétien. Quand nous disons *oui* à quelque chose, est-ce vraiment pour valoriser cette chose ? Notre *oui* se dirige-t-il toujours vers ce que nous aimons ou n'est-il qu'une manière sournoise de dire *non* à ce que nous détestons ? Par exemple, aimons-nous le rock alternatif à cause du plaisir que cette musique nous procure ou pour montrer notre dégoût de la variété consensuelle et bassement commerciale ? Défendons-nous les pauvres et les opprimés, car nous nous soucions de leur souffrance, ou est-ce un prétexte commode pour nous opposer à la société d'abondance dans laquelle nous vivons ?

Créer une éthique de l'affirmation, qui prend racine dans un *oui* à tout ce qui est beau au lieu d'un *non* à tout ce qui est laid, devient ainsi le principal enjeu de Nietzsche (nous verrons plus loin que cela nécessite de dire *oui* à la laideur aussi, dans une certaine mesure).

Nous savons maintenant pourquoi la vie peut finir par vouloir se nier elle-même. Quand elle cherche à se justifier à travers la morale chrétienne, elle se révèle souffrante, opprimée et épuisée. Les idéaux négatifs du christianisme ne sont qu'une vengeance spirituelle contre une situation de détresse bien réelle. Mais cette vengeance est-elle le meilleur remède contre la souffrance ? L'esclave se libère-t-il vraiment de la cruauté de ses maîtres en renversant leurs valeurs et en érigeant sa faiblesse et sa souffrance en idéaux ? Les remèdes du christianisme ne sont-ils pas en réalité des poisons qui *aggravent* la maladie ?

Questions *vitales*

1. Passez en revue vos opinions et convictions politiques, sociales ou artistiques. Pouvez-vous percevoir de quelle manière vous cherchez à justifier votre manière de vivre et d'être à travers ces opinions, y compris celles qui n'ont rien à voir avec votre vie personnelle?

2. Cultivez-vous, adorez-vous, vous soumettez-vous à un idéal, qu'il soit politique, social, religieux ou sentimental? Demandez-vous quel est le rapport entre vos idéaux et votre réalité. L'idéal vous aide-t-il à mieux supporter la réalité ou à mieux la rejeter? Par l'idéal, cherchez-vous à justifier cette réalité? Ou cherchez-vous à la fuir? Ou même à vous venger d'elle?

3. De quelle manière dites-vous oui et non? Quand vous dites oui à une obligation familiale, sociale, professionnelle, est-ce seulement parce que vous l'approuvez ou est-ce une manière détournée de rejeter un autre type de comportement? Quand vous refusez une invitation à dîner, à sortir en société, est-ce parce que vous préférez autre chose et que le oui à cette autre chose domine, ou bien est-ce parce que le désir de nier domine?

4. Comment s'établissent vos préférences, vos «tables des valeurs»? Partez-vous de ce qui vous enthousiasme le plus pour descendre vers ce qui vous est indifférent et à la fin ce qui vous irrite ou vous incommode? Ou partez-vous de ce qui vous révolte et vous dégoûte pour en déduire ce que vous chérissez le plus par simple opposition? Vous saurez ainsi si vos valeurs sont actives ou réactives.

5. Si vos valeurs sont réactives, pouvez-vous envisager de les inverser, c'est-à-dire de les remettre à l'endroit? Essayez de penser aux expériences qui vous enrichissent le plus, c'est-à-dire qui augmentent votre sentiment de puissance.

Mettez ces expériences en haut de votre table des valeurs, puis descendez des expériences les plus fortes vers les plus faibles jusqu'à celles qui vous semblent franchement désagréables, paralysantes et soporifiques. Vous aurez ainsi votre nouvelle table de valeurs : des valeurs qui expriment la vie au lieu de la nier.

Les poisons de la morale : ressentiment et mauvaise conscience

La maladie dont souffre l'esclave, dont souffre le chrétien, dont se nourrissent les constructions morales, métaphysiques et religieuses s'appelle le *ressentiment.* Comment définir le ressentiment? C'est le sentiment que si je souffre quelqu'un d'autre doit en être responsable. Dans certains cas, l'attribution de cette culpabilité est purement imaginaire : comme je ne connais pas les causes de ma souffrance, j'accuse le premier venu d'avoir causé mon mal-être. Dans d'autres cas, j'identifie correctement la cause de ma souffrance, mais le ressassement de mon sentiment d'injustice prend le pas sur ma souffrance première et l'aggrave outre mesure. En effet, si dans un premier temps on croit trouver un soulagement de sa souffrance dans le fait d'en trouver un responsable, le sentiment d'être une *victime* devient par la suite une maladie à part entière. Et ainsi, ce sentiment de vexation, ce complexe de persécution, ce couteau qui remue dans la plaie pérennise la souffrance originaire qui, sans cela, serait passée toute seule. Si, comme le soutient Nietzsche, la véritable santé ne consiste pas dans l'absence de maladie, mais dans la saine défense contre la maladie, le *ressentiment* est bien la réaction pathologique qui transforme la douleur passagère en maladie chronique et en véritable gangrène.

Chercher un coupable

Nous l'avons vu dans la première partie, l'homme ne désespère pas tant de sa souffrance que de l'absence d'explication à celle-ci. Rien de plus naturel alors que le ressentiment. Voilà une réaction spontanée contre l'absurdité de la douleur. Nietzsche admet avoir lui-même été victime de cette pathologie, dont il avait appris le fonctionnement durant sa longue maladie.

> 66 *L'irritation, la susceptibilité maladive, l'impuissance à se venger, le désir, la soif de vengeance, l'empoisonnement dans tous les sens du mot — c'est pour les épuisés assurément la façon la plus nocive de réagir. [...] Le* ressentiment *est, pour le malade, la chose proscrite en soi — son* mal à lui: *également, hélas! son penchant le plus naturel* 99 (Ecce Homo, «Pourquoi je suis si sage», 6).

Nous sommes tous en danger d'aggraver notre mal-être par le besoin maladif d'accuser quelqu'un, d'expliquer notre souffrance par la faute d'autrui. Il suffit de lire un grand quotidien pour constater que le ressentiment touche toutes les couches de la société: ressentiment des professions libérales contre les fonctionnaires qui sont rémunérés sur l'impôt, ressentiment des fonctionnaires contre le secteur privé où l'on gagne davantage, ressentiment des enfants contre leurs parents responsables de tout leur mal de vivre et des parents contre les enfants qui leur ont volé leur jeunesse. Si la forme classique du ressentiment est celle du pauvre contre le riche qu'il rend responsable de sa misère, on rencontre aussi son contraire, l'aberrant ressentiment des plus favorisés contre les défavorisés. Ainsi le parti italien de la «Ligue du Nord» accuse-t-il les provinces pauvres du Sud de voler les richesses des provinces riches du Nord... En effet, même les plus grands privilèges ne protègent pas du mal de vivre et notre pente naturelle nous conduit à vouloir nous décharger de notre mal-être en l'attribuant au premier venu.

> 66 *Car d'instinct celui qui souffre cherche toujours une cause à sa souffrance ; plus exactement un auteur, plus précisément un auteur coupable, susceptible de souffrir, — bref, un être vivant quelconque sur lequel il puisse décharger ses affects en effigie ou en réalité, sous n'importe quel prétexte. […] "C'est bien la faute à quelqu'un si je vais mal" — cette sorte de raisonnement est propre à tous les maladifs, et d'autant plus que la véritable cause de leur déplaisir, la cause physiologique, leur demeure cachée* 99 (La Généalogie de la morale, III, 15).*

La rumination du ressentiment

Le ressentiment est donc une forme de *vengeance*, mais une vengeance purement imaginaire qui, faute de pouvoir s'extérioriser, se retourne contre soi-même. Si l'on était capable de réagir à une humiliation, à une vexation, le processus du ressentiment ne pourrait se mettre en place : on serait libéré de son agressivité avant qu'elle puisse s'incruster et se rigidifier en soi.

> 66 *Nourrir des idées de vengeance et les réaliser, c'est avoir un violent accès de fièvre, mais passager ; nourrir au contraire des idées de vengeance sans avoir la force ni le courage de les réaliser, c'est traîner un mal chronique, un empoisonnement du corps et de l'âme* 99 (Humain, trop humain, I, 2, 60).

En intériorisant sa vengeance, l'homme du ressentiment se fait ainsi à la fois victime et bourreau. Dans ce cercle vicieux, sa douleur ne peut que s'aggraver : plus il souffre, plus il désire se venger, mais comme il retient en lui-même cette vengeance et se fait mal avec elle, sa souffrance et sa haine ne deviendront que plus grandes. Voilà pourquoi le sentiment de *haine* ne peut naître que de l'*impuissance.* Celui qui a assez de force pour se défendre, assez de courage pour donner la réplique à une offense, ne connaîtra pas la lente incubation de la haine qu'est la violence rentrée, cette violence qui, faute de débouchés, se décuple exponentiellement. Nietzsche constate que « les plus grands haïsseurs de l'histoire mondiale ont sans exception été des prêtres » (*La Généalogie de la morale*, I, 7). C'est l'impuissance du religieux qui le contraint à ruminer sa haine – les prêches et les prières, avec leur tendance à l'hyperbole et la répétition incantatoire, en sont d'excellents moyens – jusqu'à ce qu'elle prenne des dimensions monstrueuses.

L'incapacité à oublier

Il y aurait pourtant une recette simple pour se protéger contre cette escalade autodestructrice : l'*oubli*. Pourquoi ne voulons-nous pas oublier les torts qu'on nous a faits, alors qu'oublier est assurément la meilleure manière de s'assurer que ces dommages passés ne continuent pas à empoisonner notre présent et à contaminer notre futur ? Nous sommes tellement tributaires d'une culture de la commémoration, du « devoir de mémoire », de la croyance en la vertu curative du ressouvenir, que l'amnésie volontaire nous semble nécessairement un trait de faiblesse. Pour Nietzsche, au contraire, la capacité à oublier les expériences pénibles est essentielle à la santé de l'âme. Elle est une mesure de protection indispensable contre la gangrène du ressentiment. De l'oubli dépend notre faculté à *digérer* nos expériences et donc à aller de l'avant, à faire place à de *nouvelles* expériences, au lieu d'être occupés à ruminer incessamment nos problèmes et nos mauvais souvenirs.

> 66 *Ne pas venir à bout d'une expérience est déjà un signe de décadence. Rouvrir d'anciennes plaies, se vautrer dans le mépris de soi et la contrition est une maladie supplémentaire, dont jamais le "salut de l'âme" ne pourra naître, mais toujours seulement d'autres formes pathologiques de la même maladie* 99 (Fragment posthume de 1888, 14 [155]).

Le libre arbitre comme justification du ressentiment

Le ressentiment repose donc sur deux pathologies de base : l'impuissance à réagir et l'incapacité à oublier. Mais le ressentiment n'atteint ses pleins pouvoirs que grâce à une *falsification métaphysique*. Que quelqu'un nous ait fait du mal ne prouve pas encore qu'il soit coupable. Il pourrait s'agir d'un accident, d'un malheureux hasard, d'une nécessité inévitable. Nous nous persuadons alors qu'il a *délibérément* voulu nous faire du mal, qu'il a choisi de nous offenser et donc qu'il aurait pu s'empêcher de le faire si seulement il en avait eu la *bonne volonté*. Voilà donc pour Nietzsche l'origine de la notion de *libre arbitre*, si essentielle à toute morale, et responsable à elle seule du prodigieux renversement des valeurs qu'a réussi la morale judéo-chrétienne. S'il n'y avait pas de libre arbitre, il n'y aurait pas de coupable sur lequel s'acharner dans le temps et donc aucun ressentiment possible. Par conséquent, c'est dans le but de *punir* et de se venger qu'on a imaginé que les hommes étaient moralement libres.

> 66 *Nous n'avons aujourd'hui plus aucune pitié pour le concept de "volonté libre": nous ne savons que trop ce qu'il est – le tour de passe-passe de théologiens le plus louche qui soit, visant à rendre l'humanité "responsable" au sens où ils l'entendent, c'est-à-dire à la placer dans leur dépendance. [...] — Partout où l'on recherche des responsabilités, c'est d'ordinaire l'instinct du* vouloir-châtier et -juger *qui est en quête. On a dépouillé le devenir de son innocence chaque fois que le fait d'être comme ceci ou comme cela est ramené à une volonté, à des intentions, à des actes de responsabilité: la doctrine de la volonté a été inventée essentiellement dans le but de châtier, c'est-à-dire de* vouloir-trouver un coupable 99 (Le Crépuscule des idoles, *« Les Quatre Grandes Erreurs »*, 7).

Nous croyons que l'existence d'une volonté libre est la condition de notre liberté d'agir. Rien de tel : l'idée de libre arbitre est au contraire la fiction qui permet de juger, de punir et de contraindre l'être humain, l'astuce qui permet de lui dire que non seulement il *devrait* agir autrement, mais qu'il en est *capable*, puisque cela ne dépend que de sa volonté. Ainsi, l'idée de libre arbitre devient l'instrument de contrôle et de domination le plus efficace. On peut contraindre l'individu à se fondre dans un moule en le persuadant qu'il ne dépend que de lui d'y entrer. Autrement dit, on exige qu'il soit autre que lui-même *de son propre chef* et, dans le cas contraire, il sera rendu coupable de sa singularité. Le souvenir des temps récents où l'on essayait de convaincre les homosexuels qu'il ne dépendait que de leur volonté d'avoir une sexualité « normale » suffit pour illustrer cette forme de raisonnement.

Nietzsche montre pourtant que l'idée de libre arbitre repose sur une falsification. Elle suppose qu'on puisse *séparer* l'auteur de son acte. Une telle chose est impossible, car nos actions, nos comportements font nécessairement partie de ce que nous sommes. Quand la foudre a frappé, nous savons bien qu'il n'y a là qu'un seul phénomène et non deux. Il n'y a pas de foudre sans frappe, ni de frappe sans foudre. La foudre et la frappe sont en fait une seule et même chose. De même, il n'existe pas de force qui ne se manifesterait pas ou de force qui aurait choisi d'être faible ou impuissante – la force et ses manifestations sont une seule et même chose.

Ainsi, l'agneau reproche aux oiseaux de proie de l'attaquer. Il sait bien néanmoins qu'il est dans la nature des oiseaux de proie d'attaquer les agneaux, qu'ils ne sont donc pas coupables d'avoir choisi d'être violents. Mais pour justifier son ressentiment, l'agneau doit doter le rapace d'un libre arbitre et lui reprocher d'avoir agi comme un oiseau de proie plutôt que comme un agneau.

Quand on prend sa faiblesse pour un mérite

Le ressentiment resterait trop douloureux s'il ne consistait qu'à attribuer une faute à l'autre : il faut aussi pour sauver son honneur s'attribuer à soi-même un *mérite*. Non seulement l'oiseau de proie est coupable d'être un oiseau de proie, mais l'agneau devient méritant d'être simplement un agneau, de ne pas agir comme son prédateur. La force devient coupable d'être forte et le faible se persuade que sa faiblesse résulte d'un choix, d'une discipline, d'un renoncement à cette force qui de toute façon lui échappe.

On voit donc comment le mensonge du libre arbitre – car prétendre que sa faiblesse ne résulte que du choix de ne pas être fort est bien un mensonge – permet une forme de *vengeance* particulièrement raffinée. Cette vengeance ne consiste pas seulement à culpabiliser son bourreau victorieux, mais à s'inventer une supériorité, à interpréter son échec comme une démonstration de grandeur morale, de vertu et de pureté. En réalité, elle affaiblit davantage les faibles en les persuadant que leur faiblesse est leur grand *mérite*. Rien ne l'illustre mieux que le « Sermon sur la montagne » de l'Évangile de Matthieu, ce chef-d'œuvre de mystification perverse.

> **❝** *Heureux ceux qui se reconnaissent spirituellement pauvres, car le royaume des cieux leur appartient.*
> « *Heureux ceux qui pleurent, car Dieu les consolera.*
> « *Heureux ceux qui sont humbles, car Dieu leur donnera la terre en héritage.*
> « *Heureux ceux qui ont faim et soif de justice, car ils seront rassasiés.*
> « *Heureux ceux qui témoignent de la bonté, car Dieu sera bon pour eux.*
> « *Heureux ceux dont le cœur est pur, car ils verront Dieu.*
> « *Heureux ceux qui répandent autour d'eux la paix, car Dieu les reconnaîtra pour Ses fils.*
> « *Heureux ceux qui sont opprimés pour la justice, car le royaume des cieux leur appartient* **❞** *(Matthieu 5:3-10).*

On voit bien ici qu'on encourage les pauvres d'esprit à être encore plus pauvres, les tristes à pleurer encore davantage, les opprimés à courber l'échine, et en même temps on use de la promesse d'un « royaume des cieux » qui sera la récompense de ces souffrances. La faiblesse de l'ici-bas est ainsi la force de l'au-delà, la souffrance de l'ici-bas est la jouissance de l'au-delà, les malheureux seront heureux dans un monde inexistant et ils doivent donc continuer à souffrir. Ainsi les faibles sont-ils invités à se laisser opprimer en étant pris au piège de leur propre ressentiment.

Celui-ci cherche donc le secours de la morale, de la métaphysique et de la religion pour venger au niveau de l'*idéal* sa défaite dans la *réalité*. Ainsi en va-t-il du fondamentalisme islamique : les nations musulmanes ont été maltraitées depuis deux siècles par les pays occidentaux – du fait de la colonisation, de l'instrumentalisation pendant la guerre froide et de la *realpolitik* sans scrupule à propos du pétrole et des matières premières. Il est certes humiliant de sortir de la splendeur de l'Empire ottoman, persan ou arabe avec plusieurs siècles de retard technologique. Oui, les pays arabes ont été les « agneaux » et les Occidentaux les « oiseaux de proie ». Mais est-ce que le ressentiment sans bornes est le meilleur remède contre ce sentiment d'échec et d'humiliation ? Tous les éléments de la démonstration nietzschéenne sont ici réunis : d'abord, la nécessité d'un coupable, même éloigné des souffrances réelles – Israël, par exemple, ou les États-Unis, responsables de tous les maux – ; ensuite, la fuite dans une religiosité arrogante et intransigeante, dans une morale draconienne de la « pureté » absolue ; enfin, le sentiment d'une supériorité morale permettant de condamner davantage son adversaire et de jouir en imagination d'une victoire fantasmatique et sanglante contre ses anciens bourreaux.

Le cas des Palestiniens est particulièrement dramatique, tant le projet national palestinien est purement *réactif*, conçu comme une simple négation du projet sioniste. Ce n'est qu'après la fondation d'un État juif qu'on milite pour la création d'un État palestinien, comme une réaction autant négative que mimétique. C'est en imitation du concept hébreux de *Shoah* qu'on choisit son exact synonyme arabe, *Nakba*, pour décrire l'Exode de 1948. Il ne s'agit pas ici de nier la souffrance, de fait terrible, des populations des territoires occupés, mais de montrer que la stratégie du *ressentiment* est bien davantage un poison qu'un remède et qu'elle ne peut qu'aggraver la souffrance originaire.

Le besoin compulsif d'un bouc émissaire est le meilleur moyen pour ne pas s'occuper de ce que l'on peut améliorer soi-même. La fuite dans l'intégrisme religieux est le meilleur moyen pour creuser encore l'écart technologique et économique avec les sociétés libérées de la religion, sans parler de la frustration inouïe et du potentiel de violence explosive qu'implique le puritanisme moral et religieux. La morale nihiliste finit par détruire ceux qu'elle prétend aider[1].

La mauvaise conscience ou quand la violence se retourne contre soi

Éprouver du ressentiment consiste à intérioriser sa violence. Au lieu de nous venger directement contre l'offense qui nous a été faite, nous ruminons cette vengeance dans notre imaginaire. Mais la mauvaise conscience va un pas plus loin. Qu'est-ce que la mauvaise conscience ? C'est le retournement contre soi-même de la violence et de la cruauté naturelle de

---

1. Soulignons toutefois que Nietzsche classe l'islam, à la différence du christianisme et du bouddhisme, parmi les religions actives qui affirment la vie. C'est cependant à la splendeur de la culture mauresque hispano-musulmane qu'il pense, et non pas à l'actuel retour aux fondements, qui par son aspect réactionnaire prouve sa nature réactive.

l'être humain. Alors que l'homme du ressentiment cherche à tout prix un coupable à son mal-être, l'homme de la mauvaise conscience se maltraite lui-même comme s'il en était le coupable. Alors que l'homme du ressentiment retient sa violence et l'intériorise, l'homme de la mauvaise conscience se torture avec cette violence intériorisée.

La mauvaise conscience est sans doute un phénomène inhérent à toute vie en société. Comme le bien-être social exige que les personnes ne déversent pas leur violence intérieure sur les autres, ils n'ont d'autre choix que de la retourner contre eux-mêmes. C'est la pathologie de « l'homme en cage ».

> 66 *L'homme qui, à défaut d'ennemis et de résistances extérieurs, engoncé dans l'étroitesse oppressante et la régularité de la coutume, se déchirait impatiemment, se traquait lui-même, se rongeait, se fouaillait, se maltraitait, cet animal qui ne laisse pas de se blesser aux barreaux de sa cage, que l'on veut "domestiquer", ce nécessiteux que dévore la nostalgie du désert, contraint de faire de soi une aventure, un lieu de supplice, une jungle inquiétante et dangereuse — ce fou, ce prisonnier nostalgique et désespéré devint l'inventeur de la "mauvaise conscience". Mais avec elle fut introduite la maladie la plus grave et la plus redoutable, dont l'homme ne s'est pas encore remis à ce jour, celle de l'homme qui souffre* de l'homme, *qui souffre de* lui-même : *conséquence d'une séparation violente d'avec le passé animal* 99 (La Généalogie de la morale, *II, 16*).

Tout animal souffre dans une cage, il n'est donc pas étonnant que l'homme souffre en société. Mais il importe de rendre inoffensifs ceux qui, se sentant prisonniers, pourraient retourner la violence de leur ressentiment contre ceux qui les ont enfermés. Il faut donc inventer la notion de péché et faire croire aux souffrants qu'ils sont eux-mêmes la cause de leur souffrance.

> 66 *"Je souffre : c'est bien la faute à quelqu'un" — ainsi pense la brebis maladive. Mais son berger, le prêtre ascétique, lui dit : "Eh oui, ma brebis ! C'est bien la faute à quelqu'un : mais ce quelqu'un,*

c'est toi – c'est bien ta faute, à toi seul, c'est toi qui es en faute contre toi-même!" Quelle audace, quelle fausseté: mais par là un résultat au moins est atteint, je le répète, la direction du ressentiment *est…* déviée 🔳 (La Généalogie de la morale, III, 15).

La mauvaise conscience est l'arme utile du prêtre pour généraliser et aggraver la souffrance de tous et ainsi se rendre soi-même d'autant plus indispensable avec ses promesses de rédemption et de Jugement dernier. Le prêtre a besoin de faire souffrir les fidèles pour vendre sa drogue.

Se sentir coupable de son propre bonheur

Il ne suffit pas de rendre coupables les malheureux de leur propre souffrance, il faut de plus faire souffrir les heureux en leur faisant croire qu'ils sont coupables d'être heureux. Voilà l'ultime, le plus raffiné, le plus subtil triomphe de la vengeance généralisée qu'est le christianisme.

🔳 *[…] Quand pourraient-ils donc atteindre leur triomphe ultime, le plus subtil, le plus sublime? Ils l'atteindraient indubitablement s'ils réussissaient à* insinuer *leur propre misère, toute misère dans la* conscience *des heureux: en sorte que ces derniers finiraient un jour par avoir honte de leur bonheur et peut-être se diraient-ils entre eux: "C'est une honte d'être heureux! Il y a trop de misère!"… Mais il ne saurait y avoir de malentendu plus grave et plus désastreux que de voir les heureux, les réussis, les puissants par le corps et l'âme, commencer ainsi à douter de leur* droit au bonheur 🔳 (La Généalogie de la morale, III, 14).

De la même manière que l'islamisme intégriste est une forme contemporaine du ressentiment moralisateur, nous pouvons nous reconnaître nous-mêmes, Occidentaux gâtés, dans la figure de cette mauvaise conscience qui a honte de son propre bonheur. Il se peut que notre prospérité actuelle soit due aux crimes de notre passé colonial et à l'exploitation éhontée de la nature. Mais sommes-nous pour autant *coupables* de notre puissance et de notre prospérité et ainsi privés de notre « droit au bonheur » ? La mauvaise conscience de l'écologie intégriste répond ainsi au ressentiment de l'islamisme intégriste. Ces deux idéologies totalitaires de notre temps, ces deux derniers avatars du terrorisme moral, sont d'accord sur ce point : une société puissante, prospère, est forcément coupable de sa puissance, un homme heureux est forcément coupable de son bonheur.

Il n'y a pas d'issue : l'homme doit être coupable de quelque chose, de son bonheur ou de son malheur. Il existe nécessairement un « péché originel » et peu importe que ce soit devant Allah ou devant le dieu « Nature », peu importe qu'il faille « sauver son âme » ou « sauver la planète », pourvu qu'il y ait quelque chose à sauver… L'écologie peut être bien sûr une morale *active*, quand elle est motivée par un réel *amour* pour la nature. Mais trop souvent elle est purement *réactive*. La protection de l'environnement n'est plus qu'un prétexte pour masquer sa haine de l'homme et de la société actuelle. Il suffit d'écouter les prêches des écologistes les plus en vogue pour s'apercevoir qu'ils se contentent de recycler les discours moralisateurs les plus éculés : on accuse l'« égoïsme », l'« insouciance », l'« hédonisme » de l'homme qui préfère jouir de l'instant présent plutôt que de penser à l'avenir de la planète, et on attend qu'il soit puni par une catastrophe climatique, exactement de la même façon que le Dieu de l'Ancien Testament punissait les habitants de Sodome ou les constructeurs de la tour de Babel. Malgré tout ce qui oppose les écologistes et les islamistes, leurs motivations profondes se ressemblent : faire pénitence, que ce soit en portant une burqa ou en triant ses déchets.

Retrouver notre innocence

Pire que toute souffrance, toute violence, toute injustice, c'est donc l'idée même de « punition », de « culpabilité », de « responsabilité », qui empoisonne la vie des hommes. Car si on rend les autres, avant soi-même, coupables de sa propre souffrance, on finit par accuser la vie elle-même de l'être pour toutes les misères de la condition humaine.

> 66 *À l'aide, gens secourables et de bonne volonté, une tâche vous attend : débarrasser le monde du concept de punition qui l'a infesté tout entier ! Il n'est pire infection. On n'a pas seulement placé ce concept dans les conséquences de nos actes — et pourtant, quelle monstruosité, quelle déraison il y a déjà à considérer cause et effet comme cause et punition ! — on a fait plus et, grâce à l'infâme sophistique du concept de punition, on a entièrement dépossédé de son innocence la pure contingence de tout ce qui advient. On a même poussé la frénésie jusqu'à enjoindre d'éprouver l'existence elle-même comme une punition — on dirait que l'éducation de l'humanité a été dirigée jusqu'à présent par l'imagination déréglée de geôliers et de bourreaux !* 99 (Aurore, I, 13).

Nous devons donc suivre Nietzsche en lavant la terre du soupçon de culpabilité que lui a infligé le christianisme, en libérant l'homme de la calomnie apportée par l'idée de péché et de responsabilité et en rétablissant *l'innocence* et *l'irresponsabilité absolue* de l'homme et de tout ce qui lui arrive. Nous sommes aussi peu responsables de ce que nous sommes que ne le sont nos proches ou la société dans son ensemble. Nous avons aussi peu de mérite que de culpabilité d'être nous-mêmes et d'agir comme nous agissons. Toutefois nous pouvons accepter la fatalité de notre existence pour faire de notre mieux. Pour cela, nous devons nous sortir de la bruine de la responsabilité, de la pollution atmosphérique de la morale, des poisons du ressentiment et de la mauvaise conscience.

<blockquote>
❝ Balayer toutes les attaches humaines, sociales, morales, jusqu'à être capable de danser et sauter comme des enfants **❞** (Fragment posthume de 1880, *8 [76]*).
</blockquote>

La morale, en usurpant nos pires instincts, nous a privés de notre innocence. En interprétant le réel avec les catégories de la faute, du péché, de la responsabilité et de la punition, elle a enlaidi la réalité en masquant l'innocence fondamentale du devenir et de tout ce qui existe. Afin de nous régénérer et de retrouver nos instincts vitaux, nous devons alors oser l'immoralité, c'est-à-dire trouver notre morale propre, singulière et individuelle.

Questions
vitales

1. Avez-vous besoin de trouver une explication à votre mal-être en accusant quelqu'un ou quelque chose d'en être responsable ? Ce sentiment d'avoir trouvé un « coupable » vous soulage-t-il ? Ou percevez-vous que cette jouissance morbide d'une vengeance imaginaire finit par vous dévorer, par vous détruire davantage ?

2. Êtes-vous capable de réagir immédiatement à une agression ou à une offense de manière à ne pas être torturé par le ressentiment et le désir de vengeance par la suite ? Seriez-vous capable de vous « venger » sur-le-champ, mais d'une manière légère et inoffensive, peut-être avec humour, pour vous protéger de cette vengeance plus pernicieuse, intérieure et durable qu'est le ressassement du ressentiment ?

3. Pensez-vous que l'oubli est une faiblesse, qu'oublier des épisodes douloureux est une manière honteuse de fuir la réalité ? Ou percevez-vous que l'oubli peut être un remède puissant contre le ressentiment destructeur, une défense naturelle contre les souvenirs qui vous empoisonnent ?

4. Avez-vous besoin de justifier vos échecs, vos défauts ou vos faiblesses en vous les attribuant comme un mérite, comme une décision libre et consciente de préférer le renoncement, l'humilité, la frustration ? Ou au contraire, êtes-vous capable d'admettre vos échecs et d'y faire face, à la fois sans sentiment de culpabilité et sans orgueil inversé et mensonger ?

5. Pensez-vous que votre souffrance est une *punition*, une juste sanction d'une culpabilité profonde que vous ignorez peut-être, d'une faute, voire d'un péché ? Ou pouvez-vous accepter votre souffrance comme un aspect inévitable de la vie, un ingrédient peut-être nécessaire ou même salutaire de l'existence ? Remarquez-vous que ne plus se sentir coupable de sa souffrance l'allège déjà de manière considérable ?

6. Vous arrive-t-il d'avoir honte d'être heureux? Avez-vous l'impression que, face à toute la misère du monde, il serait indécent d'être heureux, que vous êtes forcément coupable si vous atteignez le bonheur? Ou pouvez-vous concevoir d'être aussi peu coupable de votre bonheur que vous êtes responsable de votre malheur?

Sortir du troupeau pour fonder sa propre morale

La morale a une fonction utile à la société : domestiquer et dresser l'individu afin de transformer une meute de bêtes sauvages en un troupeau d'animaux dociles. On comprend pourquoi les « forts » – les chefs de meute devenus bergers de troupeau – se sont servis des valeurs des « faibles » pour gouverner[1]. Dans l'histoire humaine, la domestication des êtres humains a toujours consisté dans leur affaiblissement délibéré. Pour rendre inoffensif et malléable un individu, il faut l'affaiblir, le castrer et donc le rendre encore plus malade. Pour guérir, l'être humain doit par conséquent se sauver de la morale collective et trouver celle qui lui appartient en propre. Ce chemin passe par une reconquête de sa singularité.

C'est la crainte et non l'amour du prochain qui inspire la morale

Selon Nietzsche, le ciment de toute morale n'est pas du tout l'*amour du prochain*, mais la *crainte du prochain*[2]. Aujourd'hui, avec l'avènement du *politiquement correct*, cette morale de la crainte prend un tour vertigineux et aboutit à une véritable *phobie* de l'autre. Nous n'avons pas seulement peur du « jeune » qui pourrait nous arracher notre sac à main ou du « barbu » qui pourrait se révéler un dangereux terroriste, mais du passager qui parle trop fort au téléphone portable dans

---

1. *Fragment posthume de 1888*, 15 [78].
2. *Par-delà bien et mal*, V, 201.

le train, du fumeur dont les volutes errantes pourraient nous faire tousser, du dragueur qui pourrait nous « réduire à l'état d'objet sexuel », du patron qui pourrait nous harceler, du photographe qui pourrait nous voler notre « droit à l'image », de la voisine qui hurle trop fort pendant l'orgasme, du raciste ou de l'homophobe de comptoir dont les jurons pourraient offusquer notre amour-propre. La liste s'allonge de jour en jour. Et désormais les statistiques de sécurité mettent dans un même panier les violences physiques et « verbales » pour conclure que nous avons tellement peur de l'autre *en général* que nous voyons *tout* échange humain comme une violence.

L'individu, ennemi désigné du troupeau moralisateur

Le troupeau humain a instinctivement peur de tout ce qui sort de la norme et qui pourrait déranger ses convictions, ses habitudes et sa cohésion. Le troupeau doit non seulement contenir la violence potentielle de ses moutons, mais aussi toute excentricité qui pourrait amener l'un de ses membres à se singulariser. L'*individu* est ainsi l'ennemi désigné de la morale.

> ❝ *La morale induit l'individu à devenir fonction du troupeau et à ne s'attribuer de valeur que comme fonction* ❞ (Le Gai Savoir, III, 116).

Nous pouvons ressentir cette réduction de l'individu à une fonction, à un outil du troupeau, comme la plus terrible des oppressions. En effet, le troupeau considère tout ce qui est *nouveau* comme une menace – « le nouveau est en toutes circonstances le mal[1] » – et traite toujours les créateurs comme des criminels.

> ❝ *Voyez les bons et les justes ! Qui haïssent-ils le plus ? Celui qui brise les tables de leurs valeurs, le destructeur, le criminel — mais celui-là, c'est le créateur* ❞ (Ainsi parlait Zarathoustra, I, 9).

---

1. *Le Gai Savoir*, IV, 376.

D'un autre côté, nous pouvons trouver *rassurant* d'être réduits à une fonction du troupeau, car n'être qu'un rouage dans une machine, s'intégrer dans un organisme comme l'un de ses organes peut être un but de substitution. La castration de toute individualité qu'effectue la morale ne sert donc pas seulement l'intérêt du berger qui dirige le troupeau, mais aussi l'intérêt des individus qui par désarroi préfèrent être des moutons[1].

Tout autant que par la *crainte du prochain*, la morale est motivée par la *crainte de soi-même*. Il peut être commode de se cacher derrière des principes moraux pour ne pas devoir affronter ses propres désirs, comme il peut être commode d'exécuter aveuglément ses devoirs – moraux, sociaux ou professionnels – pour ne pas avoir à chercher sa propre voie. Il y a ainsi une forme de *paresse* derrière toute morale : celle-ci offre ses schèmes d'action préfabriqués, des buts et des valeurs interchangeables, valables pour tous et pour personne, le refuge idéal pour qui veut s'épargner l'*effort* de s'interroger sur ses propres objectifs.

Le masque de la compassion

La *compassion* peut ainsi être un divertissement utile pour ne pas faire face à sa propre détresse. Elle repose cependant sur l'illusion que les autres souffrent nécessairement de ce qui nous fait également souffrir. Nietzsche constate que le sentiment de pitié, au lieu d'alléger la souffrance d'autrui, la multiplie en y ajoutant une souffrance mimétique. Il vaudrait mieux donner au souffrant l'exemple de sa propre joie en espérant qu'elle se propage de manière contagieuse et il faudrait apprendre à *conjouir* plutôt qu'à *compatir*. En fait, nous n'avons pas la moindre idée de ce qui fait vraiment souffrir l'autre,

---

1. *Le Gai Savoir*, III, 119.

pas plus que de l'éventuel intérêt ou du bénéfice qu'il peut trouver dans la souffrance.

> 66 *Ce dont nous souffrons de la manière la plus personnelle est incompréhensible et inaccessible pour presque tous les autres : en cela nous sommes cachés au prochain, même s'il partage avec nous un seul et même plat. Mais partout où on* remarque *que nous souffrons, notre souffrance est interprétée de manière plate ; il appartient à l'essence de l'affection compatissante de* dépouiller *la souffrance étrangère de ce qu'elle a de spécifiquement personnel — nos "bienfaiteurs" sont, bien plus que nos ennemis, ceux qui rabaissent notre valeur et notre volonté* 99 (Le Gai Savoir, IV, 338).

Qui n'a pas connu des moments de détresse où rien n'importune plus que la compassion des autres, vécue comme une forme d'intrusion infantilisante ? Il y a un orgueil à vouloir combattre seul sa souffrance, à ne pas laisser les autres nous en *priver*. En effet, il y a toujours une part de mépris dans la pitié, puisqu'elle considère que l'autre est trop faible pour lutter lui-même contre son mal-être. Pas de scénario plus catastrophique donc que celui d'une société où l'altruisme et la bienveillance se seraient généralisés. En plus des erreurs que nous commettons tous dans ce que nous croyons être notre intérêt, il faudrait encore se défendre du « bien » que les autres voudraient nous imposer. Dans une telle société, « ne prendrait-on pas aveuglément la fuite dès qu'un "prochain" s'approcherait ? » (*Aurore*, II, 143).

Il faut s'aider soi-même pour pouvoir aider les autres

La compassion serait tout autre si elle était motivée par une réelle compréhension des souffrances d'autrui :

> 66 *Tu voudras aussi aider : mais seulement ceux dont tu* comprends parfaitement *la misère parce qu'ils partagent avec toi une seule et unique souffrance et un seul et unique espoir — tes* amis : *et seule-*

ment à la manière dont tu t'aides toi-même : — je veux les rendre plus courageux, plus résistants, plus simples, plus gais ! Je veux leur enseigner ce que si peu comprennent à présent, et, moins que tous, ces prédicateurs de pitié — la co-réjouissance ! 99 *(Le Gai Savoir, IV, 338).*

Nous ne pouvons aider les autres sans les comprendre dans leur spécificité. Or, la compassion est obscène quand elle suppose que l'autre doit être heureux *à notre manière* et que, s'il ne l'est pas, il est forcément malheureux. Dès lors, nous ne pouvons peut-être comprendre que ceux qui nous ressemblent et qui partagent avec nous une même souffrance. Il en résulte que nous ne pouvons aider les autres qu'en nous aidant nous-mêmes et que la seule manière d'y parvenir est de se comprendre soi-même.

La morale se présente comme le principal ennemi de l'égoïsme. Cependant, interdit-elle qu'on agisse dans son propre intérêt ou qu'on agisse *différemment* des autres ? Pour Nietzsche, toutes les morales manifestent un égoïsme sans pareil dans la mesure où elles ne reculent devant aucune cruauté pour défendre les intérêts du troupeau. Ainsi, l'altruisme, qui exige que chacun se sacrifie pour le bien-être d'autrui, présuppose l'égoïsme sans bornes de cet autrui pour lequel on est censé se sacrifier. N'est-ce pas terriblement égoïste de demander à l'autre d'être altruiste à notre égard, d'exiger que l'autre sacrifie son bien-être au nôtre ?

66 *Le "prochain" fait l'éloge du désintéressement parce qu'il en tire profit ! Si le prochain pensait lui-même de manière "désintéressée" il rejetterait cette destruction de force, ce dommage subi à son profit à lui* 99 *(Le Gai Savoir, I, 21).*

L'égoïste ignore tout de son véritable ego

L'altruisme tant loué n'est donc qu'une forme particulièrement mesquine, calculatrice et malhonnête d'égoïsme. Car nous ignorons tout de l'autre quand nous prétendons agir en sa faveur. Mais nous ignorons tout de nous-mêmes également quand nous prétendons agir pour nous-mêmes. Pour pouvoir être « égoïste », il faut déjà avoir un ego, un fond personnel qui nous distingue du troupeau. Or, ce que nous appelons notre « ego », notre « moi », n'est que l'image sociale que les autres nous renvoient.

> 66 *La plupart des gens, quoi qu'ils puissent penser et dire de leur "égoïsme", ne font malgré tout, leur vie durant, rien pour leur ego et tout pour le fantôme d'ego qui s'est formé d'eux dans l'esprit de leur entourage* 99 (Aurore, II, 105).

Être « égoïste » n'est pas agir véritablement pour soi, car « l'égoïste » n'a pas la moindre idée de ce qui sommeille en lui. En réalité, il ne possède qu'une image faussée et schématique de lui-même et de ses désirs, qui correspond à la manière dont le troupeau conçoit le moi et l'intérêt personnel. Quand on condamne l'« égoïsme » des traders, par exemple, qui empochent des millions en ruinant de petits épargnants, on oublie qu'il s'agit d'un égoïsme particulièrement pauvre et superficiel, réduit aux aspirations les plus basiques et les plus communes : l'argent, le pouvoir, le statut social. Ce type d'égoïste se contente des catégories du troupeau. Il croit vouloir pour lui-même en voulant ce que tous les autres veulent. Au lieu de vociférer contre l'« égoïsme » des traders, il vaudrait mieux les plaindre pour leur *manque* de souci de soi, d'un réel intérêt personnel, leur manque d'imagination dans la quête de leurs désirs.

Une morale universelle est la morale de personne

S'il faut autant se méfier de l'égoïsme que de l'altruisme, se débarrasser de la morale et de ses appels au désintéressement est néanmoins une première étape dans la quête de soi. Car en ne nous concevant que comme une pièce du troupeau, la morale nous réduit à des automates sommés d'exécuter des devoirs abstraits, qui, justement parce qu'ils sont valables pour tous, n'ont d'intérêt pour personne. L'homme « vertueux », l'homme « bon » n'est pas encore une véritable personne. Toute sa « vertu » consiste à correspondre à un schéma d'humanité, aux valeurs impersonnelles que promeut la morale. C'est pourquoi plus nous voulons accomplir des « devoirs » universels et abstraits, plus nous gaspillons notre force dans des actions qui nous épuisent. N'est-il pas vrai que, faute de plaisir, nous ne rechargeons pas notre énergie par la satisfaction de l'acte accompli ? À force d'exécuter machinalement des actions « universellement valables », nous négligeons – et oublions – nos propres intuitions. Le moraliste devient un « décadent », quelqu'un qui a perdu ses instincts et sa force intérieure.

Plus encore, le moraliste révèle sa prétention démesurée en affirmant détenir une « loi universelle » à laquelle il se soumettrait. Alors qu'il fait semblant d'obéir à cette dernière, de se sacrifier pour le « bien commun », c'est lui qui décide de cette loi universelle et de ce bien commun qu'il veut imposer à tous. Derrière la fausse humilité du moraliste se cache l'égoïsme proprement tyrannique de celui qui veut ériger ses propres goûts, préférences, peurs et dégoûts en règles applicables à tous.

> 66 *Comment ? Tu admires l'impératif catégorique en toi ? Cette "fermeté" de ton soi-disant jugement moral ? Ce "caractère inconditionné" du sentiment que "tous doivent ici juger comme moi" ? Admire bien plutôt ton égoïsme en cela ! Et l'aveuglement, la mesquinerie et le manque d'exigence de ton égoïsme ! C'est de l'égoïsme en effet que de ressentir son jugement comme loi universelle, et un égoïsme aveugle, mesquin, et dénué d'exigence parce qu'il révèle que tu ne t'es pas encore découvert toi-même, que tu ne t'es pas encore créé un idéal propre et rien qu'à toi — et ce dernier ne saurait jamais être*

celui d'un autre, encore moins de tous, de tous ! — Celui qui continue de juger en disant "voici comment chacun devrait agir dans ce cas", n'a pas encore fait cinq pas dans la connaissance de soi 🙰 *(Le Gai Savoir, IV, 335).*

Nos devoirs doivent être des privilèges

Si nous devons avoir des vertus, elles seront forcément personnelles et non pas communes à tous. Il n'y a, en effet, aucun intérêt à ce que tous agissent de la même manière avec les mêmes qualités et les mêmes forces. Si quelqu'un d'autre est capable de faire ce que la morale me dit de faire, pourquoi devrais-je le faire moi aussi ? La soumission de tous à une loi morale universelle a pour conséquence le gaspillage des qualités individuelles exceptionnelles et la redondance d'actions devenues inutiles ou même nuisibles, parce que trop de personnes les exécutent. S'il existe un véritable devoir moral, il consiste à faire impérativement ce que moi seul — et personne d'autre — peut et doit accomplir. Il s'agit de la nécessité intérieure qui me *force* à agir d'une manière absolument singulière, qui peut-être choquera les autres et restera incomprise.

🙰 *Aussi longtemps qu'on te louera, crois bien toujours que tu n'es pas encore sur ta voie, mais sur celle d'un autre* 🙰 (Humain, trop humain, *II, 1, 340*).

La véritable morale ne consiste jamais à agir selon la convenance de tous, mais au contraire à concevoir son propre devoir moral comme un *privilège* qu'on n'est pas prêt à partager avec autrui. Ce sont les talents uniques que nous possédons et qui nous distinguent de tous les autres, nos désirs insoupçonnables pour autrui qui doivent nous indiquer nos devoirs. Nietzsche va jusqu'à dire que la vertu morale est un *luxe*. C'est le raffinement égoïste le plus gratuit, le plus élitiste qui soit. En effet, nos privilèges sont des devoirs qui nous contraignent à être à la hauteur : nous avons le devoir de pleinement réaliser le potentiel singulier que nous avons la chance de posséder. Nous devons donc jalousement garder nos devoirs et ne pas tenter de les imposer à autrui.

> 66 *"Mon jugement est mon jugement, autrui n'y a pas droit si facilement", dit peut-être un tel philosophe du futur. On doit se défaire de ce mauvais goût consistant à vouloir être d'accord avec beaucoup de monde. "Bien" n'est plus bien lorsque c'est le voisin qui l'a à la bouche. Et comment pourrait-il donc y avoir un "bien commun" ! Le mot se contredit lui-même : ce qui peut être commun n'a jamais que peu de valeur* 99 (Par-delà bien et mal, II, 43).

Chacun se choisira les devoirs qui correspondent à sa personnalité, à sa sensibilité : les personnes profondes chercheront les « abîmes », les expériences vertigineuses et mystérieuses, les personnes sensibles se dédieront aux « tendresses » et aux « frissons », les gens rares s'intéresseront aux choses rares, alors que les grandes choses seront réservées aux personnes pourvues de grandeur.

Voir plus loin que l'égoïsme et l'altruisme

Ce souci de notre *singularité* n'est pas à confondre avec l'égoïsme pur et simple. Il ne s'agit pas de ne regarder que son nombril et de ne viser que son avantage exclusif. Si Nietzsche rejette l'« amour du prochain », c'est parce qu'il est encore trop proche de l'amour-propre. Quand la Bible nous incite à « aimer son prochain comme soi-même », elle trahit l'égocentrisme étriqué d'un amour incapable d'aimer ce qui ne nous ressemble pas. L'amour du prochain n'est que le « mauvais amour pour soi-même », dit Zarathoustra en nous incitant à le remplacer par l'« *amour du lointain* ». C'est sur l'*avenir* que doit porter notre amour, et notre bien-être actuel comme celui d'autrui sont peut-être un obstacle à l'avènement de cet avenir. Nous devons donc rejeter autant l'égoïsme que l'altruisme, avoir aussi peu d'égards pour nous-mêmes que pour autrui et ne viser que ce qui nous dépasse.

> 66 *En vérité il n'y a pas de vérités* individuelles, *mais seulement* plein *d'erreurs* individuelles — l'individu *lui-même est une* erreur! [...] *Nous sommes des bourgeons sur un arbre — que savons-nous de ce que dans l'intérêt de l'arbre nous pourrions devenir? Mais nous avons une conscience, comme si nous voulions et devions être* le tout, *un phantasme de "moi" et de tout "non-moi".* Il faut arrêter de se sentir comme un tel "ego" fantasmagorique! *Apprendre pas à pas à rejeter ce prétendu individu. Découvrir les erreurs de l'ego! Se rendre compte que* l'égoïsme *est une erreur! Et ne surtout ne pas voir dans l'altruisme son contraire! Ce serait l'amour pour les* autres prétendus *individus! Non! Par-delà "moi" et "toi"! Ressentir de manière cosmique!* 99 (Fragment posthume, *1881, 11 [7]*).

L'individu tel que nous le concevons, un « moi » autonome et fermé au monde, est une illusion. Deux conséquences s'ensuivent. Nous devons certes dépasser cette conception étriquée de l'individu et nous concevoir comme le maillon d'une chaîne, d'une lignée, qui va du passé vers l'avenir. Mais nous devons d'abord *créer* cette individualité qui n'est jamais une réalité donnée. Il nous faut apprendre à modeler nos pulsions, à tresser nos forces et nos faiblesses, à sculpter notre personnalité, afin de *devenir ce qu'on est.*

Questions *vitales*

1. Quelle est votre relation au « troupeau » humain ? Où vous sentez-vous le mieux : à l'intérieur, à côté, devant (comme berger) ou derrière lui ? C'est l'un des « cas de conscience » essentiels que Nietzsche propose dans *Le Crépuscule des idoles* pour pouvoir sculpter sa personnalité. Sachez vous situer par rapport au groupe.

2. « N'être qu'une fonction du troupeau » vous rassure-t-il ? Préférez-vous n'être qu'un rouage dans une machine, exécuter une tâche prédéterminée, suivre aveuglément les autres, plutôt que de devoir trouver votre propre voie et assumer vos responsabilités ? Il n'y a pas de mal à ne vouloir être qu'une fonction, mais sachez ce que vous voulez et pourquoi : est-ce par peur, par confort ou par besoin de vous sentir utile ?

3. Pourquoi ressentez-vous le besoin d'aider les autres ? Par réel souci pour leurs problèmes et par certitude de pouvoir les aider efficacement ? Ou utilisez-vous la souffrance d'autrui comme un écran pour ne pas faire face à vous-même, comme une manière de ne pas affronter vos propres problèmes ? Ou encore vous montrez-vous bienveillant pour avoir un ascendant sur ceux que vous prétendez aider ?

4. Vous arrive-t-il de reprocher aux autres leur égoïsme ? Le faites-vous pour votre conjoint, vos parents, vos enfants, vos frères ou sœurs, vos collègues ? Demandez-vous pourquoi vous ne supportez pas l'égoïsme des autres : n'est-ce pas votre propre égoïsme qui exige des autres d'être altruistes à votre égard ? Êtes-vous fier de cet égoïsme plus passif, qui au lieu d'agir soi-même dans son propre intérêt attend des autres qu'ils le fassent à votre place ?

5. Défendez-vous de grands principes moraux avec lesquels vous jugez les autres ? Pourquoi voulez-vous ainsi imposer vos convictions aux autres même si ce n'est qu'en parole ? Et pourquoi avez-vous besoin de vous réfugier derrière ces

principes ? Que se passerait-il si vous les abandonniez ? Vous sentiriez-vous livré à vous-même, désorienté, confronté à des forces intérieures qui vous menacent ?

6. Voulez-vous correspondre à un schéma d'être humain, à l'incarnation de la bonté, la justice, la générosité, la tolérance ou n'importe quelle autre valeur morale ? Avez-vous l'impression de n'avoir de valeur en tant qu'individu que si vous êtes conforme à ce schéma ? Ou seriez-vous capable de vous découvrir une valeur indépendante de ces concepts abstraits ?

7. Avez-vous besoin que les autres approuvent vos choix et vos actes ? Recherchez-vous les compliments des autres, et ces compliments influencent-ils vos décisions ? Comprenez-vous pourquoi Nietzsche dit que tant qu'on nous fait des compliments nous n'avons pas encore trouvé notre propre voie ? Quelles sont les choses qui vous tiennent vraiment à cœur et pour lesquelles vous ne recevez jamais de compliments ? Explorez davantage ces choses car votre voie secrète se trouve peut-être là.

8. Existe-t-il quelque chose que vous vous sentez seul capable de faire? Quelque chose qui ne fait sens que pour vous et pour personne d'autre? C'est alors votre véritable devoir: vous ne devez pas faire ce que n'importe qui devrait faire, mais seulement ce que vous et personne d'autre pourrait réussir. Ce n'est pas forcément quelque chose d'extraordinaire, mais quelque chose d'unique et d'approprié.

Devenir ce que l'on est

Reprendre le chemin du oui

La chute des idéaux, leur dévalorisation, la « mort de Dieu » peuvent constituer une occasion inouïe d'inventer de nouvelles valeurs, de partir à l'aventure et de *vivre dangereusement*. La crise du nihilisme est une opportunité pour devenir *actifs*, pour transformer la souffrance du manque de sens en la jouissance d'une multiplicité de sens, en d'autres termes pour développer notre propre santé.

> *En effet, nous, philosophes et "esprits libres", nous sentons, à la nouvelle que le "vieux dieu" est mort, comme baignés par les rayons d'une nouvelle aurore; notre cœur en déborde de reconnaissance, d'étonnement, de pressentiment, d'attente — l'horizon nous semble enfin redevenu libre, même s'il n'est pas limpide, nos navires peuvent de nouveau courir les mers, courir à la rencontre de tous les dangers, toutes les entreprises risquées de l'homme de connaissance sont de nouveau permises, la mer, notre mer, nous offre de nouveau son grand large, peut-être n'y eut-il jamais encore pareil "grand large"* (Le Gai Savoir, V, 343).

La morale et la religion nous ont appris à affirmer des idées inexistantes ou contraires à la vie, et à nier ce qui est nécessaire et profitable à la vie.

> *Être* païen, *c'est dire Oui à ce qui est naturel, se sentir innocent dans ce qui est naturel, c'est être naturel.*
> «*Être* chrétien, *c'est dire Non à ce qui est naturel, se sentir indigne dans ce qui est naturel, c'est être contre-naturel* (Fragment posthume de 1887, 10 [193]).

Avant de pouvoir développer notre personnalité singulière – que la morale nie en lui opposant l'image abstraite et creuse de l'homme « vertueux » –, nous devons réapprendre à dire oui en général, à affirmer la vie et le monde comme nous-mêmes.

Dire oui à la vie, est-ce accepter le mal ?

Face aux horreurs bien réelles de l'existence – face aux génocides, à la misère, aux maladies, aux multiples incarnations de la cruauté et de la perversité humaine – n'est-ce pas témoigner une inconscience presque obscène que de célébrer la vie ? Pouvons-nous, à Auschwitz, à Srebrenica, à Nyarabuye, prétendre encore la *louer* avec tout ce qu'elle implique ? Cette question revient pourtant à prendre le problème à l'envers. Car si nous en condamnons les drames, c'est que nous affirmons d'abord la vie elle-même. La condamnation vient comme conséquence de cette affirmation principale. Le nihiliste qui condamne l'existence à cause de la souffrance qui lui est inhérente commet une erreur de logique. C'est d'abord parce que nous aimons fondamentalement la vie que nous sommes amenés ensuite à en refuser certains aspects.

Pour Nietzsche, c'est donc la condamnation générale de la vie par le nihiliste qui est un véritable blasphème. En dénonçant les chimères de la religion et de la métaphysique, Nietzsche est loin de ridiculiser le sacré. Il insiste au contraire sur le caractère sacré de la vie et montre combien la morale et la religion sont impies de vouloir la nier.

Aimer une partie, c'est aimer le tout

Porter un jugement *général* sur la vie est, par conséquent, sans objet. Le simple fait de tenir à certains moments qui nous épanouissent – si rares soient-ils – devrait suffire pour nous faire réviser nos jugements les plus critiques sur l'existence.

> 66 *La question première n'est pas le moins du monde si nous sommes contents de nous-mêmes, mais plus fondamentalement si nous sommes contents de n'importe quelle chose. À supposer que nous disions oui à un seul instant, nous avons par ce moyen dit oui non seulement à nous-mêmes, mais aussi à toute l'existence. Car rien n'est indépendant, ni en nous-mêmes ni dans les choses : et si une seule et unique fois notre âme a frémi et résonné de bonheur comme la corde d'un instrument de musique, toutes les éternités auront été nécessaires pour conditionner cet unique événement — et toute l'éternité aura été bénie, délivrée, justifiée et affirmée par cet unique instant où nous avons dit oui* 99 (Fragment posthume de 1887, [7] 38).

Si malheureux et désespérés que nous soyons parfois, nous avons tous connu des jours où la vie semblait se justifier par elle-même et où toute souffrance était comme rachetée par un seul moment de grâce. Or, même si cet instant de bonheur était éphémère et isolé, il n'en demeurait pas moins lié à son contraire apparent, au passage par la souffrance et quelquefois par le malheur. Isoler les périodes de bonheur et les extraire de la vie pour tenter d'éliminer ce qui est moins agréable est une abstraction, une vue de l'esprit. Si pendant une courte durée notre vie semble valoir la peine d'être vécue, tous les autres moments plus pénibles en valent la peine aussi, parce qu'ils sont la cause, la condition ou tout simplement le chemin qui mène aux heures plus rares de bonheur.

Nous ne pouvons donc pas de bonne foi rejeter la plus grande partie de la vie sous prétexte que nous n'en aimons que certains aspects. Il serait inconséquent, par exemple, de rejeter la solitude en ne célébrant que l'amour, car la solitude est à la fois une préparation nécessaire et une conséquence souvent inévitable de l'amour. Vouloir l'amour signifie vouloir la solitude également, de même que nous ne pouvons vouloir le plaisir sans la souffrance, ou le bonheur sans le malheur.

Aimer le destin, c'est l'embellir

Cette compréhension de l'imbrication des événements de la vie nous oblige à dire oui au tout dans la mesure où nous disons oui à l'une de ses parties. Si tout est lié, alors il n'existe pas de hasard et chaque être, chaque événement arrive nécessairement, parce qu'il est conditionné par tous les autres. On parle alors de *destin* ou de *fatalité* et voilà pourquoi Nietzsche insiste sur l'*amor fati*, l'amour du destin ou de la fatalité.

> 66 *Aujourd'hui, chacun s'autorise à son vœu et sa pensée plus chère : eh bien, je veux dire, moi aussi, ce que je me suis aujourd'hui souhaité à moi-même et quelle pensée m'est venue à l'esprit la première cette année — quelle pensée doit être pour moi le fondement, la garantie et la douceur de toute vie à venir. Je veux apprendre toujours plus à voir dans la nécessité des choses comme le beau : — je serais ainsi l'un de ceux qui embellissent les choses. Amor fati : que ce soit dorénavant mon amour ! Je ne veux pas faire la guerre au laid. Je ne veux pas accuser, je ne veux même pas accuser les accusateurs. Que regarder ailleurs soit mon unique négation ! Et, somme toute, en grand : je veux même, en toutes circonstances, n'être plus qu'un homme qui dit Oui !* 99 (Le Gai Savoir, IV, 276).

Nietzsche ne prétend pas qu'il est facile de dire oui à tous les aspects de l'existence. C'est pour cette raison que son désir de toujours dire oui prend la forme d'une résolution de début d'année. Le principe de l'affirmation vitale est à ses yeux une forme de *thérapie* contre le ressentiment, la mauvaise conscience et le nihilisme. De même que la haine et la négation enlaidissent, l'amour et l'affirmation embellissent. Aussi ne devons-nous pas nier ce qui est laid ou monstrueux, pour ne pas l'enlaidir davantage, mais l'embellir en l'accueillant et en *l'aimant* comme un aspect inévitable de l'existence.

S'éloigner au lieu de condamner

Est-ce à dire que nous devons tout supporter sans rechigner, même ce qui nous pèse le plus ? Non, car face à l'intolérable il y a une stratégie plus efficace que la négation : l'*éloignement*. Au lieu de nous épuiser à contester ce qui nous insupporte et d'en devenir ainsi complices et dépendants, nous pouvons simplement choisir d'en détourner notre regard et de nous en éloigner. Cet art de l'esquive, du filtrage délibéré, de la mise à distance d'une cause possible de ressentiment ou de haine, c'est le *pathos de la distance*, le fondement même de la morale aristocratique. Contrairement à l'esclave qui a besoin de ce qui le blesse pour brandir l'étendard de sa vertu comme la négation de ce mal, l'aristocrate ne vise d'aucune manière à combattre ou simplement calomnier ce qu'il juge mauvais. Il veut juste s'en préserver et préfère l'ignorer en prenant ses distances.

Aujourd'hui, certains passent leur temps à pester contre la bêtise de l'audimat ou de la société de consommation. Certains consacrent leur vie à écrire des brûlots contre la société du spectacle, à déplorer la « grande déculturation » ou à arracher des affiches publicitaires dans le métro. Pourtant, en se vouant ainsi à ce qu'ils haïssent, ils se rabaissent inévitablement au niveau de leurs détestations. Le contempteur de l'abrutissement télévisuel reste vissé devant son poste, le « casseur de pub » lit des slogans du matin au soir. L'attitude noble, nous apprend Nietzsche, consiste simplement à ne pas regarder la télévision et à ne pas même en parler, à lire de la poésie plutôt que des textes publicitaires.

Se permettre autre chose qu'interdire

Il n'est pas question pour autant de fermer les yeux devant l'inacceptable et de ne pas intervenir quand nous avons les moyens de le faire. Mais pourquoi nous complaire dans le ressassement stérile de nos dégoûts, nous épuiser dans un combat interminable et vain, chercher un plaisir retors dans l'excitation de ce qui nous irrite ? Nous avons mieux à faire que de nous attarder à nier ce qui nous déplaît : poursuivre et célébrer ce qui nous plaît. En effet, la meilleure manière de nier, c'est d'affirmer autre chose.

> 66 En faisant, nous ne faisons pas. — *Au fond, j'ai en horreur toutes les morales qui disent: "Ne fais pas telle chose ! Renonce ! Dépasse-toi !" — je suis en revanche bien disposé envers les morales qui m'incitent à faire quelque chose, à le refaire et ce du matin au soir, et à en rêver la nuit, et à ne penser à rien d'autre qu'à le faire bien,* aussi bien que moi *seul,* justement, je le peux ! […] *"Notre faire doit déterminer ce que nous ne faisons pas: en faisant, nous ne faisons pas" — voilà ce qui me plaît, tel est* mon placitum. *Mais je ne veux pas tendre les yeux ouverts à mon appauvrissement, je n'ai nul goût pour toutes ces vertus négatives, — vertus qui ont pour essence la négation et le renoncement à soi eux-mêmes* 99 (Le Gai Savoir, IV, 304).

Dans une morale de l'affirmation, la négation (le refus, le rejet) n'est jamais le point de départ, mais seulement la conséquence. Dans une morale du ressentiment, c'est l'affirmation qui est la résultante de la négation. Notre haine nous commande d'aimer le contraire de l'objet de notre répulsion. Cependant, la négation pure est toujours impuissante. Voilà pourquoi les critiques de l'ordre social ont été incapables de changer quoi que ce soit. En revanche, dans la morale prônée par Nietzsche, comme c'est l'amour qui vient en premier, nous ne haïssons rien en tant que tel. Nous sommes seulement indifférents à certaines choses, parce que nous leur en préférons d'autres. De ce fait, comme notre négation par indifférence dérive d'une forte affirmation, celle-ci peut réellement changer les choses.

Nietzsche propose ainsi une véritable stratégie pour combattre une habitude, un vice ou une addiction. Il ne faut jamais vouloir *cesser* de faire quelque chose, mais plutôt faire *autre chose* de plus fort et donc d'encore plus addictif. Il ne faut pas vouloir s'arrêter de fumer, mais désirer courir plus vite ou respirer mieux. Il ne faut pas vouloir manger moins, mais souhaiter se sentir plus léger ou consommer des mets plus raffinés et plus délicats. Une addiction ne se remplace que par une addiction plus grande, par une activité que nous voudrions accomplir « du matin au soir » au point d'en rêver la nuit.

Un oui créateur comporte une part de destruction

Dire oui à la vie n'équivaut pas à tout accepter et tout endurer. Cela implique un ordre de préférences et donc un principe de sélection et d'exclusion. L'homme réussi intègre une forme de filtre instinctif, une passoire défensive qui ne laisse passer que ce qui lui convient. Cet instinct d'autoconservation qui repousse ce qui nous nuit s'appelle habituellement le *goût*. Le non a donc une place dans notre vie, mais cette place est conditionnée par un oui prépondérant. Dès lors, l'incapacité à dire non est une pathologie tout aussi inquiétante que l'incapacité à dire oui. Tout accepter sans discernement ni préférence, c'est en fait se nier soi-même, sa sensibilité, ses priorités, ses désirs. Dans son *Zarathoustra*, Nietzsche illustre cette affirmation béate et passive, qui renonce à soi-même dans l'acquiescement à tout, par la figure de l'*Âne*. Celui-ci, incapable de joindre le tranchant du non à la force du oui, bêle *OUI* à tout. Ainsi, croulant sous la charge de ce qu'il accepte, idolâtre de la réalité, l'âne s'épuise et se laisse détruire par le poids du réel qu'il porte sur son dos. Car il ne suffit pas de dire oui au monde, il faut aussi se dire oui à soi-même et donc nier une partie du monde, celle qui empêche d'être soi. La véritable activité suppose toujours une négation collatérale. La création repose sur une destruction préalable, car donner naissance au nouveau demande d'abord de déconstruire l'ancien afin de le transformer, de le façonner et de le réinterpréter.

> 66 *C'est seulement comme créateurs que nous pouvons anéantir* 99 *(Le Gai Savoir, II, 58).*

En montrant qu'on ne peut créer sans détruire, Nietzsche ne condamne pas tant la négation que la *passivité*. Un *oui* passif qui se contente de se soumettre aux contraintes du réel ne vaut guère mieux qu'un *non* passif qui rumine son mal-être et s'empoisonne avec une vengeance imaginaire. Inversement, un *non* actif qui remet en question les conditions de vie est une composante essentielle de toute action *affirmative*. Nietzsche condamne le *non* à la *vie*, mais la vie comporte sa part de négation. Se refuser à dire non à ce qui nie la vie revient donc à dire *non* à la vie.

Comment un non peut cacher un oui

Une période de négation radicale, de remise en question générale et de destruction peut être nécessaire pour inaugurer une véritable affirmation de soi. C'est pourquoi le *nihilisme* est une étape cruciale dans l'avènement d'une culture de l'affirmation. Nous devons pouvoir dire non à tout ce qui dit non pour être enfin capable de dire oui à la vie. Le *Zarathoustra* illustre ce processus par une métaphore. Si l'homme est d'abord un *chameau* qui porte sur son dos le poids du monde et de la morale, il doit devenir un *lion* avant de devenir un *enfant* innocent, joueur et créateur. L'agressivité du lion est nécessaire pour faire place à la liberté créative de l'enfant. Avant de pouvoir affirmer en créant, nous avons besoin de nous *prouver* notre liberté en détruisant les anciennes valeurs qui nous enchaînent. De cette manière, nous nous rendrons compte que notre violence, notre agressivité et notre égoïsme sont une forme d'innocence enfantine, une façon d'acquiescer à la vie.

Il faut donc être attentif à ses refus, à ses rejets, à ses dégoûts, car loin d'être les symptômes d'un désintérêt général ou d'un état morbide, ils peuvent être le signe annonciateur d'une vie qui se cherche en se rebellant. Il y a des *oui* qui dissimulent un *non* honteux et mesquin, mais il y a aussi des *non* qui préfigurent un *oui* encore inconnu.

> *Nous nions et devons nier parce que quelque chose en nous veut vivre et s'affirmer, quelque chose que nous ne connaissons peut-être pas encore, ne voyons pas encore !* (Le Gai Savoir, IV, 307).

Nous devons accepter — et comprendre — l'existence d'une part d'ignorance et d'incertitude en nous-mêmes. Nous ne pouvons pas toujours appréhender tout de suite les forces qui sommeillent en nous. Il faut avoir la patience de voir un *non* évoluer en un *oui* embryonnaire, respecter un refus comme l'humus où fermentent de nouvelles possibilités d'affirmation, des perspectives de vie insoupçonnées.

Philo-*action*

1. Dans un moment de déprime ou de ras-le-bol, essayez de penser à un moment où la vie semblait vraiment valoir la peine d'être vécue. Est-ce que ce souvenir transforme votre appréciation du moment présent ? Percevez-vous que le fait d'avoir dit une seule fois oui à la vie vous oblige à dire *oui* à la vie tout entière et donc aussi à ses moments plus ennuyeux ou plus douloureux ?

2. Pouvez-vous constater en vous-même que le fait de dire non, de rejeter, de critiquer ou de condamner une chose surajoute la laideur et l'aigreur de votre jugement à l'aspect problématique ou désagréable de la chose ? Essayez alors de voir ce qu'il y a de remarquable, d'instructif, de nécessaire dans chaque chose qui vous dérange, agresse ou chagrine. Pour chaque cas, pensez comme un artiste qui sait transformer une réalité hideuse en une œuvre sublime.

3. Avez-vous tendance à vous focaliser sur les aspects de la réalité qui vous dérangent ? La prochaine

fois que quelqu'un ou quelque chose vous irrite, pourriez-vous plutôt choisir de l'ignorer, de vous éloigner, de vous concentrer sur un sujet qui vous passionne ? Essayez d'en faire une règle de vie : toujours chercher à se distancier de ce qui nous offusque plutôt que de ruminer son irritation.

4. Avez-vous des mauvaises habitudes dont vous voudriez vous débarrasser ? N'essayez pas d'arrêter ou de vous en priver, essayez plutôt de *commencer* autre chose et de vous y adonner complètement. Vous aurez alors moins l'envie – et le temps – de vous livrer à la première activité que vous vouliez arrêter.

5. Vous arrive-t-il d'avoir des tendances destructrices, voire autodestructrices ? Avez-vous parfois envie de tout casser, au sens propre comme au sens figuré ? Vous interdisez-vous ces accès destructeurs et en avez-vous honte ou parvenez-vous à voir la destruction comme le préalable et le complément de la *création* ? Demandez-vous toujours ce que vous pouvez *créer* en détruisant et, quand vous voulez casser quelque chose, essayez toujours de construire en même temps, de transformer votre destruction en une création.

6. Dans vos motivations profondes, y a-t-il davantage de refus que de désir ? Pourriez-vous deviner
quelle affirmation positive se cache derrière ces
refus ? Envisagez vos *non* comme des flèches qui
pointent dans la direction d'un oui potentiel que
vous ignorez encore.

Devenir lent pour devenir fort

Nietzsche maintient que c'est leur faiblesse qui empêche la plupart des gens de dire oui à la vie. C'est parce que leurs organismes sont épuisés, que leurs constitutions physiques comme psychiques sont trop fragiles, qu'ils manquent de ressorts et de défenses, qu'ils ne supportent pas le poids de l'existence. Ils sont alors incapables d'en affronter les aspects problématiques et d'en encaisser les coups durs et ne peuvent qu'accuser, condamner, rejeter la vie en bloc. La négation est toujours l'indice d'une impuissance à réinterpréter et transformer la réalité :

La bonne terre. — *Dans tout ce qu'on élude et tout ce qu'on nie, on trahit un manque de fertilité : au fond, si seulement nous étions de la bonne terre, nous devrions ne rien laisser perdre sans l'utiliser et voir dans toute chose, tout événement, tout homme un engrais, une pluie, un rayon de soleil bienvenus* (Humain, trop humain, II, 1, 332).

Toute déconvenue, toute souffrance, toute tragédie de l'existence devrait être l'aiguillon de notre force et de notre créativité vitale. Chacune devrait inciter notre volonté de puissance à s'affirmer de manière nouvelle, plus vigoureuse. Il est bien connu que les terres les moins fertiles donnent le meilleur vin. L'aridité du sol oblige la vigne à pousser plus loin ses racines pour chercher sa nourriture, à se dispenser de feuillages inutiles et à produire un raisin plus concentré aux saveurs plus intenses. De même, les résistances, déboires et aridités de la vie devraient nous rendre plus forts.

C'est la faiblesse qui inspire nos idées noires

Ce n'est pas parce que nous avons des idées noires que nous nous sentons blasés, épuisés ou dégoûtés. C'est parce que notre énergie vitale et créative s'est affaiblie que nous avons besoin de nous réfugier dans ces idées noires. Les délires meurtriers des religions ou des fanatismes, mais aussi les excès de toutes sortes – violences, drogues, addictions passionnelles ou chimiques – s'expliqueraient alors par cette faiblesse constitutive qui empêche l'épuisé de s'inventer et de se maîtriser et qui le contraint à rechercher des excitations toujours plus puissantes pour se sentir en vie.

> 66 *J'ai d'abord besoin d'enseigner que le crime, le célibat, la maladie sont des conséquences de l'épuisement…* 99 (Fragment posthume de 1888, *15 [13]*).

La dureté avec laquelle Nietzsche semble traiter les « faibles », qu'il appelle parfois des « décadents », voire des « dégénérés », est presque insupportable. Adversaire de la pitié et de la compassion chrétienne, Nietzsche semble prôner la cruauté et l'intransigeance envers toute forme de vie « déclinante » pour protéger la vie « ascendante ». Nous pouvons même percevoir des accents eugénistes dans les déclarations les plus fracassantes de Nietzsche.

> 66 *Les faibles et les ratés doivent périr: premier principe de notre philanthropie. Et on doit même encore les y aider* 99 (L'Antéchrist, 2).

On peut frissonner en lisant ce texte (et c'est certainement l'effet recherché). Si l'on se sent faible et dépassé par la vie, si l'on est incapable de l'affirmer, n'a-t-on d'autre alternative que de disparaître ? Cela signifierait qu'il est impossible de soigner nos idées nihilistes par d'autres plus vivifiantes, puisque c'est notre faiblesse constitutive qui nous y condamne. Toute réforme philosophique serait alors impuissante si elle n'était accompagnée d'une sélection eugénique, laissant de côté les faibles et les ratés. On comprend pourquoi certains ont pu voir en Nietzsche un précurseur du nazisme.

Se faire peur pour se réveiller

Au lieu de réformer nos idées et nos valeurs, devons-nous nous contenter de « périr », de pousser au bout l'instinct d'autodestruction qui s'exprime dans notre faiblesse ? L'un des buts de Nietzsche est de nous montrer que la conséquence inévitable de notre nihilisme, de notre refus *théorique* de la vie, ne peut qu'être sa négation *effective*. Nietzsche nous adresse ainsi une mise en garde pour nous faire réagir. La cohérence nous oblige à pousser notre nihilisme jusqu'à l'anéantissement *ou alors* à l'abandonner en cherchant à nous renforcer et à reprendre goût à la vie. Énoncer que les faibles doivent « périr », c'est nous placer devant un choix. C'est nous inciter à choisir la vie en nous montrant que prendre partie pour la faiblesse revient à choisir la mort. La faiblesse, la décadence, la « dégénérescence » ne sont donc pas des fatalités. Nietzsche se reconnaît lui-même comme un décadent qui, justement, peut se faire le médecin de la maladie du nihilisme, parce qu'il en est lui-même atteint.

> 66 *Car, mis à part le fait que je suis un décadent, j'en suis aussi le contraire, j'en veux pour preuve, entre autres, que d'instinct j'ai toujours choisi les remèdes adéquats contre les mauvais états de santé : tandis que le décadent choisit toujours les remèdes qui lui font du tort* 99 (Ecce Homo, « *Pourquoi je suis si sage* », 2).

Il existe donc des *remèdes* contre la décadence, des fortifiants contre la faiblesse et l'épuisement. La force et la faiblesse ne sont pas des états figés, gravés dans le marbre, mais des manières de *gérer* sa force, de l'accumuler ou de la dépenser. Nietzsche soutient qu'il existe des méthodes simples, quotidiennes, pour économiser et donc accroître ses forces plutôt que de les dilapider. Nous devons nous éloigner des grandes interrogations métaphysiques et idéologiques pour nous intéresser aux petites choses de la vie, à nos habitudes quotidiennes.

Manquer de volonté, c'est manquer d'une grande passion

Qu'entendons-nous par la faiblesse, par la décadence ? Nous voyons habituellement la faiblesse comme un manque de *volonté*, comme l'incapacité de prendre des décisions fermes et de s'y tenir. Être faible serait à la fois ne pas avoir assez de volonté pour résister aux tentations et distractions, et ne pas avoir assez de volonté pour réellement entreprendre une action positive. Nietzsche, pourtant, croit aussi peu au concept de volonté qu'au concept de liberté, malgré sa notion de *volonté de puissance*. S'il dit dans un premier temps qu'il n'existe pas de liberté de la volonté, mais seulement des volontés fortes ou faibles, il concède tout de suite que cela aussi n'est qu'une image :

> 66 *Faiblesse de la volonté : une analogie qui peut induire en erreur. Car il n'existe point de volonté, et par conséquent pas de volonté forte ou faible non plus. La diversité et la désagrégation des impulsions, le manque de système parmi elles ont pour résultat la "volonté faible" ; la coordination de ces impulsions, sous la prédominance d'une parmi elles, résulte dans la "volonté forte" ; dans le premier cas, c'est l'oscillation et le manque de centre de gravité, dans le dernier cas, c'est la précision et la clarté de la direction* 99 (Fragment posthume de 1888, 14 [219]).

La volonté n'est donc pas une faculté autonome, un pilote ou une tour de contrôle qui maîtrise – ou pas – notre vie chaotique intérieure, faite de pulsions, d'instincts, de désirs, de faiblesse comme de force. La faiblesse n'est donc pas non plus une qualité intrinsèque, un défaut congénital, de ces forces intérieures. La force et la faiblesse sont plutôt des manières d'*organiser* cette vie pulsionnelle intérieure. Quand nos pulsions sont structurées et s'organisent en un système cohérent, nous sommes *forts* et avons l'impression d'avoir une volonté forte. Quand, au contraire, nos pulsions sont désorganisées, se combattent les unes les autres et ainsi s'annulent mutuellement, nous devenons faibles, non seulement parce que la force de nos pulsions ne se combine pas pour créer une force plus grande au lieu de s'éparpiller, mais aussi parce que la guerre perpétuelle entre nos pulsions finit par nous épuiser.

Apprendre à résister pour se recueillir

Nous voyons ainsi deux caractéristiques de la faiblesse : l'incapacité de résister à une impulsion ou à une excitation, ce qui conduit à gaspiller son énergie à la moindre occasion, et l'anarchie des pulsions qui, en état de guerre les unes contre les autres, ne peuvent s'unir pour se renforcer. Ces deux pathologies – la surexcitabilité et l'anarchie pulsionnelle – ont un seul remède : la *lenteur*. Nous devons apprendre à être lents pour devenir forts. Dans un premier temps, la lenteur permet de différer notre réaction aux multiples excitations qui nous agressent et nous préserve du gaspillage inutile de notre énergie. Dans un deuxième temps, la lenteur – tel un barrage qui, en retenant un torrent, décuple sa puissance – contraint notre énergie à s'accumuler, à se concentrer et à s'intensifier et permet l'émergence d'un instinct dominateur. Ainsi peut voir le jour une pulsion principale qui met à son service toutes les autres et les harmonise.

> ❝ *Comment devenir plus fort : se décider lentement, et se tenir obstinément à ce qu'on a décidé. Tout le reste s'ensuit. Les soudains et les changeants : les deux espèces de faibles. Ne pas se confondre*

avec eux, sentir la distance — à temps ! 🙶 (Fragment posthume de 1888, 15 [98]).

L'énoncé de cette règle de vie fondamentale qu'est la *lenteur* s'accompagne d'un diagnostic de faiblesse. Cette dernière serait la conséquence d'une forme de *distraction*, de *dissipation*, *d'irritation* perpétuelle. D'une part, l'on ne parvient pas à s'engager dans un projet à long terme, parce qu'on est sans cesse sollicité par de menues distractions. D'autre part, on dilapide son énergie par toutes ces petites choses qui nous irritent et nous font réagir outre mesure. On pense à ces enfants hyperactifs qui ne peuvent se concentrer à l'école parce qu'ils sont sans cesse agités par une impulsion. Ou encore à ces personnes qui ne peuvent vivre une minute de silence et éprouvent le besoin d'être continuellement accaparées par un poste de télévision, une conversation téléphonique, un jeu vidéo. Ce que la morale traditionnelle appelait le *vice* traduit en réalité cette même pathologie : l'incapacité de résister à une impulsion ou de retarder une réaction, céder sur-le-champ à un désir sexuel ou à un accès de colère, au lieu de laisser mûrir ses passions en les faisant pousser dans la bonne direction.

La force de ne rien faire

Nietzsche insiste donc sur ce paradoxe : être faible, ce n'est pas être incapable d'agir, c'est être incapable *de ne pas* agir. Pour devenir forts, nous devons apprendre *à ne rien faire* — et c'est précisément ce que le faible ne sait pas.

🙶 À propos de l'hygiène des faibles — *Tout ce qui est fait dans la faiblesse est raté. Moralité : ne rien faire. Seulement, le problème est que c'est précisément la force de suspendre l'action, de ne pas réagir, qui est la plus fortement atteinte sous l'influence de la faiblesse : on ne réagit jamais plus rapidement, plus aveuglément que quand on ne devrait pas réagir du tout...*

Toute éducation consiste à apprendre cette lenteur – cette capacité de différer la réaction – par une forme d'*inhibition* qu'on s'impose soi-même. Il ne s'agit pas d'une *inhibition* pour ne pas jouir, mais pour jouir plus tard et donc plus fort. Ainsi, la *bêtise* et la *vulgarité* consistent essentiellement dans une manière de réagir trop rapidement, à l'emporte-pièce, sans prendre le temps de se laisser imprégner par ses impressions et de laisser mûrir sa réflexion. On ne perçoit les détails et les subtilités d'une chose que si l'on suspend son jugement et si l'on s'abandonne passivement à la contemplation. Rien ne l'illustre mieux que la perception d'une œuvre d'art. Alors que le vulgaire s'exclame tout de suite « c'est nul » ou « c'est génial », le connaisseur exagère son scepticisme et la distance pour se laisser d'autant mieux captiver par les forces plus cachées de l'œuvre. Dans son projet de réforme de l'éducation, Nietzsche suggère donc que la première tâche de l'école soit d'*apprendre à voir.*

🙿 *Apprendre à voir — habituer l'œil au calme, à la patience, au laisser-venir-à-soi; différer le jugement, apprendre à faire le tour du cas particulier et à le saisir de tous les côtés. Telle est la préparation à la vie de l'esprit: ne pas réagir d'emblée à une excitation, mais au contraire contrôler les instincts qui entravent, qui isolent. Apprendre à voir, comme je l'entends, est presque ce que la manière non philosophique de parler appelle la volonté forte: son trait essentiel est justement de ne pas vouloir, de pouvoir suspendre la décision. Toute absence d'esprit, tout ce qui est commun repose sur l'inaptitude à opposer une résistance à une excitation — on doit réagir de toute nécessité, on suit chaque impulsion. Dans bien des cas, une telle nécessité est déjà disposition maladive, déclin, symptôme d'épuisement — presque tout ce que la grossièreté non philosophique désigne du nom de "vice" est purement et simplement cette incapacité physiologique à ne pas réagir* 🙿 (Le Crépuscule des idoles, « Ce qui abandonne les Allemands », 6).

Ce que Nietzsche appelle *force* est donc tout le contraire de ce qu'on peut d'abord s'imaginer. Ce n'est pas la brutalité immédiate, l'agressivité gratuite, la démonstration ostentatoire de la « brute blonde » – même s'il arrive à Nietzsche de la vanter –, mais la grande passion qui a su s'inhiber pour atteindre sa pleine maturité.

Avoir la patience d'une femme enceinte

Ce n'est pas un hasard, d'ailleurs, si l'image choisie pour illustrer cette force lente n'est pas masculine mais *féminine*. Laisser s'accumuler la force en soi, laisser poindre et mûrir une idée ou un projet, c'est comme vivre une *grossesse*.

> 66 *Que l'être attendu soit une pensée ou une action, — face à tout accomplissement essentiel nous n'avons pas d'autre attitude possible que celle de la grossesse, et devrions éparpiller au vent les prétentieuses expressions "vouloir" et "créer"!* 99 (Aurore, V, 552).

La véritable activité surgit donc d'une passivité profonde. Nous devons avoir la patience de ne rien faire, le temps que notre force grandisse jusqu'à ce que notre action s'enfante d'elle-même. C'est alors l'inaction qui donne naissance à l'action. Et il faut savoir être aussi déterminé dans l'une que dans l'autre.

> 66 *Méfiez-vous des demi-vouloirs : soyez décidés, pour la paresse comme pour l'acte. Et qui veut être éclair doit rester longtemps nuage* 99 (Fragment posthume de 1883, 17 [58]).

Trop agir, et trop vite, peut justement nous amener à avorter notre acte.

> 66 Raisons de l'infertilité. – *Il y a des esprits aux dons éminents qui sont stériles à jamais parce qu'une faiblesse de leur tempérament les rend trop impatients pour attendre le terme de leur grossesse* 99 (Humain, trop humain, II, 1, 216).

Or, attendre un nouveau-né, être gros de quelque chose, c'est savoir qu'on enfante quelque chose de plus fort et de plus grand que nous. Traverser une grossesse, c'est apprendre qu'on peut être mû par une force qui ne dépend pas de notre volonté, ni même de nos efforts. Et de même qu'une femme enceinte, l'artiste en gestation sait que sa force créative n'est pas seulement la simple conséquence de son effort volontaire. D'où vient cette force supplémentaire ?

Hériter des efforts de nos ancêtres

Autant la force doit lentement se concentrer pendant notre vie pour enfin pouvoir éclore, autant elle s'accumule pendant plusieurs générations. Nous sommes tous les héritiers de l'énergie que nos ancêtres ont épargnée ou gaspillée. C'est à cette transmission de forces, d'efforts, de renoncements, de rêves et de frustrations qu'il faut penser quand Nietzsche parle de « race » et jamais à une classification ethnique.

> **En règle générale,** chaque chose vaut autant qu'on a payé pour. Bien sûr, cela ne s'applique pas quand on prend l'individu de manière isolée : les grandes capacités de l'individu sont sans commune mesure avec ce qu'il a lui-même entrepris, sacrifié, souffert pour les obtenir. Mais examine-t-on la préhistoire de sa famille, l'on découvrira l'histoire d'une formidable épargne et accumulation de capital de force, par toutes sortes de renoncements, luttes, travaux, victoires. C'est parce qu'un grand homme a coûté tant, et non pas parce qu'il arrive par le miracle d'un "don du ciel" ou d'un "hasard", qu'il est devenu grand. "Hérédité" est un faux concept. Nos ancêtres ont payé pour ce que nous sommes (Fragment posthume de 1887, 9 [45]).

Pour Nietzsche, les débats habituels autour de l'inné et de l'acquis, de l'importance relative du don naturel et de l'effort dans les grandes réalisations, partent d'une opposition stérile. Tout est acquis, car ce que nous héritons de nos ancêtres a été acquis par eux. Il n'y a que l'effort qui porte des fruits, car le talent ou le don avec lequel nous naissons n'est que la récolte des efforts semés par nos prédécesseurs. D'un point de vue biologique, Nietzsche se trompe, puisqu'il semble affirmer l'*hérédité des traits acquis*, chère à Lamarck, mais formellement réfutée par la biologie moderne. Toutefois, c'est à un niveau plus existentiel, culturel et intime que nous nous voyons les héritiers des rêves et des efforts de nos ancêtres. Nous sommes immergés dès notre plus jeune âge dans les savoirs, les anecdotes, les goûts, les passions, les habitudes, la discipline, voire la lassitude ou le dégoût acquis par nos parents. On constate que les ascensions sociales, comme les intégrations dans une nouvelle culture, s'échelonnent sur plusieurs générations avant d'aboutir.

Nous devons donc nous demander : quelle est la force héritée du passé qui sommeille en moi ? Que m'ont légué mes ancêtres, mon environnement, mon histoire, que je pourrais transformer en une force tout à fait personnelle ? De quoi s'est-on privé, dont je pourrais aujourd'hui profiter ? À quoi se sont entraînés mes ancêtres afin que je le sache aujourd'hui à la perfection ?

Se choisir sa filiation

Ces ancêtres, chez lesquels il faut puiser ses forces, sont aussi peu pour Nietzsche une notion biologique que la race est une notion ethnique. Nos filiations, nos appartenances sont avant tout des lignées *électives, imaginaires.* Dans *Ecce Homo*, Nietzsche déclare que c'est « avec ses parents qu'on a le moins de parenté ». Par ailleurs, Nietzsche insiste sur le fait qu'il est polonais et pas allemand, alors qu'il adopte un mode de vie méditerranéen, piémontais et provençal. Même Wagner, l'ultranationaliste allemand, n'a en réalité rien d'allemand, affirme-t-il, la sensibilité française s'exprimant avec tellement plus de naturel dans sa musique que la pompeuse culture allemande…

Où que nous cherchions, où que nous imaginions notre lignée, notre parenté, notre « race », nous devons nous appuyer sur un héritage, sur une force léguée. Nous ne pouvons pas nous réaliser nous-mêmes tout seuls, avec nos maigres ressources, mais nous devons cueillir dans le passé les graines qui écloront dans notre avenir. Cette germination de ce qui a été semé autrefois sera un événement subit et imprévu. Car nous sommes tous des volcans en puissance, qui attendent l'explosion qui sommeille en nous.

> 66 *Nous avons tous en nous des jardins et des plantations cachés; et, pour utiliser une autre image, nous sommes tous des volcans en formation qui connaîtront leur heure d'éruption* 99 (Le Gai Savoir, I, 9).

Une fois la force suffisamment accumulée en nous, nous devons apprendre comment la dépenser sans la gaspiller par des hésitations, des excès, des fausses routes et de vains combats. Il nous faut apprendre à faire des choix déterminés, à avoir des gestes sûrs et des intuitions justes, à harmoniser les pulsions qui nous agitent.

Philo-*action*

1. Essayez de trouver la faiblesse que vous cherchez à cacher derrière vos grands principes moraux, vos revendications idéologiques tonitruantes (si vous en avez). Quand vous reprochez quelque chose aux autres, quel est le défaut personnel que vous voulez masquer ? Essayez de corriger ce défaut, de guérir cette faiblesse plutôt que d'en vouloir aux autres, améliorez-vous plutôt que de condamner le monde et de maudire la vie.

2. Chaque fois que vous rencontrez une difficulté, une résistance, un chagrin, demandez-vous en quoi cette difficulté peut vous faire avancer, vous rendre plus fort, en quoi le fumier de la vie peut en être aussi le fertilisant. Essayez de saisir chaque *malchance* comme une *chance*, comme une occasion de tester de nouvelles façons de vivre, d'agir et de penser.

3. Quand vous avez l'impression que vos efforts n'aboutissent pas, que vous n'êtes pas efficace malgré toute votre agitation, essayez de changer

de registre, de vitesse : essayez d'agir plus *lente-ment*. Constatez en quoi le geste lent est un geste plus assuré, et donc plus fort. Expérimentez à quel point la lenteur oblige chacun de vos actes à accumuler de l'énergie et donc à peser davantage.

4. De même, ne vous précipitez pas quand vous avez à prendre une décision. Prenez tout votre temps, n'hésitez pas à remettre au lendemain. Ne craignez pas que cette lenteur augure une indécision chronique. Ayez confiance dans le processus inconscient de prise de décision qui fermente en vous et n'essayez pas de le déranger par votre impatience ou par votre volonté.

5. Chaque fois que vous ressentez un désir ou une envie, résistez, n'ayez pas honte d'être inhibé, de les repousser comme une digue retient un torrent. Le but n'est pas d'anéantir ce désir, il s'agit au contraire de le renforcer par cette inhibition, de le rendre irrésistible à force d'y avoir résisté.

6. Essayez pendant quelques heures, quelques jours, voire quelques semaines, de *ne rien faire*. Ne cherchez pas une échappatoire dans un divertissement, restez dans un repos, un néant total.

Observez comment l'énergie gronde en vous et résistez-y autant que vous pouvez, jusqu'à ce que vous ne teniez plus, jusqu'à ce que vous soyez prêt à exploser comme un volcan. Suivez cette stratégie particulièrement quand vous êtes dans des phases de dissipation, de suractivité gratuite ou de doute.

7. Quelle force avez-vous héritée du passé ? Quels sont les talents, les efforts, les rêves que vos parents vous ont légués ? Essayez toujours de construire vos projets sur une force qui existe déjà, sur une énergie transmise qui sommeille en vous. Elle ne vient pas forcément de votre famille, de votre pays, mais d'une tradition élective et peut-être imaginaire. Suivre une tradition ne signifie pas lui obéir aveuglément. Cette tradition peut au contraire vous donner la force de la renverser complètement, de créer votre révolution personnelle, dont l'éclat vient pourtant de ce qu'elle renverse.

Transformer ses pensées en instincts

Se libérer de l'emprise de la morale et des traditions est une première étape nécessaire dans la conquête de soi. En nous imposant les valeurs du troupeau, la morale nie notre singularité et, en condamnant la réalité et les aspirations de la vie, elle nous coupe de notre force vitale. Mais cette libération ne peut constituer qu'une première étape, nous devons encore nous libérer de cette libération même.

> 66 *Pour finir, ma chère Lou, cette ancienne et très intime injonction :* devenez ce que vous êtes ! *On ressent d'abord la nécessité de s'affranchir de ses* chaînes, *et finalement, il nous faut encore nous affranchir de cette émancipation ! Chacun de nous doit endurer cette maladie des chaînes, même après les avoir brisées* 99 (Lettre à Lou Salomé, fin août 1882).

En effet, nos chaînes nous marquent à vie et notre corps garde l'empreinte de leurs maillons. La violence de la morale et des traditions nous a blessés, mais comme nous nous sommes habitués à cette contrainte qui nous a sculptés et nous a servi d'étayage, l'affranchissement des contraintes de la morale constitue une *seconde* violence qui laisse des marques tout aussi profondes. Nous constatons alors que nous titubons sans l'appui de la morale, que nous ne pouvons nous maintenir en vie sans elle – même en sachant qu'elle n'est qu'un tissu de mensonges.

> 66 *La bête qui est en nous veut être trompée : la morale est ce mensonge de secours qui nous permet de n'être pas déchirés. Sans les erreurs que comportent les hypothèses de la morale, l'homme serait resté animal* 99 (Humain, trop humain, I, 2, 40).

En effet, la morale a le mérite de proposer une *hiérarchie* de nos pulsions et d'ainsi organiser notre vie intérieure en disciplinant notre énergie. Si un tel système de préceptes, d'interdictions et de principes nous affaiblit, il nous renforce du même coup en canalisant et en structurant nos pulsions. La morale est comme un moule qui forme et définit les hommes. L'homme saura-t-il tenir debout une fois qu'on aura enlevé cet étayage ?

La force de caractère est une forme de bêtise

Le libre penseur – celui qui cherche à créer ses propres valeurs, à inventer sa propre morale individuelle – a un énorme désavantage face à l'homme lié à la tradition – celui qui obéit aveuglément à des codes et valeurs rigides. D'un certain point de vue, l'homme muselé par la morale est bête et borné : il ne réfléchit pas par lui-même. Il ignore toutes les autres manières de vivre possibles et se cantonne à un répertoire très limité d'actions et de choix. Cependant, c'est cette bêtise même qui lui donne sa force : l'homme traditionnel n'a pas à hésiter dans ses décisions, il agit par automatismes, puisque les préceptes moraux inculqués par l'éducation, répétés à saturation, se sont transformés en *instincts*. Ce qu'on appelle la *force de caractère* n'est rien d'autre que cette restriction des possibilités d'action qui, en nous affranchissant des affres du choix et en uniformisant nos actes, donne l'impression d'un caractère marqué et bien défini.

> 66 *C'est l'asservissement des opinions, transformé en instinct par l'habitude, qui conduit à ce que l'on appelle la force de caractère. Quand un homme agit sous l'effet de motifs peu nombreux, mais toujours les mêmes, ces actions en acquièrent une grande énergie ; si ces actions se trouvent en accord avec les principes des esprits asservis, elles sont approuvées, en font accessoirement naître chez l'auteur un sentiment de bonne conscience. Des motifs peu nombreux, une conduite énergique et une bonne conscience, voilà qui constitue ce que l'on appelle force de caractère. La connaissance des*

possibilités et directions multiples de l'action fait défaut à ce caractère fort; son intelligence manque de liberté, elle est asservie, parce qu'elle ne lui montrera, dans un cas donné, disons que deux possibilités. C'est alors entre elles qu'il est obligé de choisir, nécessairement et conformément à sa nature tout entière, et il le fera facilement et rapidement, n'ayant pas à choisir entre cinquante possibilités 99
(Humain, trop humain, I, 5, 228).

Tout comme la lenteur, la limitation des possibles accumule et engrange l'énergie — les interdits moraux étant comme des digues qui contraignent le torrent pulsionnel à se concentrer dans une seule direction. L'homme de la tradition sera ainsi toujours plus fort que le libre penseur qui, lui, gaspille son énergie dans l'exploration des possibilités d'action, dans l'évaluation des conséquences de ses actes, dans la quête des raisons et des justifications de son comportement. L'endoctrinement moral, sa discipline cruelle et arbitraire, nous conduit ainsi à adopter des décisions plus fermes, des gestes plus sûrs et énergiques.

Être libre, c'est être plus fragile

Cet état de fait semble ainsi poser une barrière insurmontable à tout désir d'innovation, de rénovation, de renversement des valeurs anciennes. Car la recherche, l'expérimentation et le doute forcément nous dispersent et nous déconcentrent. Ils nous font perdre l'assurance intuitive nécessaire à toute action décisive. Il y a une déperdition d'énergie dans la réflexion, l'hésitation, les essais manqués : notre main sera plus tremblante, imprécise. La question se pose alors : comment nous, chercheurs, innovateurs, expérimentateurs individualistes et singuliers, pouvons-nous gagner la même énergie, la même assurance, la même intuition instinctive que ceux qui suivent aveuglément une tradition ?

66 *Comparé à celui qui a la tradition de son côté et n'a pas besoin de raisons pour fonder ses actes, l'esprit libre est toujours faible, sur-*

tout dans ses actes ; car il connaît trop de motifs et de points de vue et en a la main hésitante, mal exercée. Quels moyens y a-t-il maintenant de le rendre quand même relativement fort, en sorte qu'il puisse au moins s'affirmer et ne pas se perdre inutilement ? Comment naît l'esprit fort ? […] D'où viennent l'énergie, la force inflexible, l'endurance avec lesquelles l'individu, à contre-courant de la tradition, tâche d'acquérir une connaissance toute personnelle du monde ? 99 (Humain, trop humain, I, 5, 230).

Pour donner une chance à l'innovation et à la singularité face à la massue de la tradition et de la morale, il est donc nécessaire de rendre *instinctives* nos pensées. Il faut leur donner à leur tour la force de l'habitude et de l'automatisme. Notre culture a la particularité de se méfier de l'instinct et de survaloriser la raison. Elle nous recommande d'être « conscients » de tout et n'importe quoi et de voir l'inconscience comme une tare infantile, un signe d'irresponsabilité. Or, nous pouvons facilement constater que nos meilleures actions sont toujours faites dans un état d'inconscience et que nous avons seulement besoin de la conscience quand nous *n'arrivons pas* à faire quelque chose, quand nous cherchons des pistes pour expliquer notre échec, quand nous tâtonnons pour trouver la bonne manière de faire ou, pire, quand nous ne savons pas ce que nous voulons.

66 *Dans toute prise de conscience s'exprime un malaise de l'organisme : il faut essayer quelque chose de nouveau, rien n'est assez prêt pour cela, on y trouve des efforts pénibles, de la tension, de la surexcitation — c'est justement tout cela, la prise de conscience… Le génie réside dans l'instinct : la bonté aussi. On n'agit de manière aboutie que quand on agit instinctivement* 99 (Fragment posthume de 1888, 15 [25]).

Ainsi, seul le pianiste débutant doit à tout moment être *conscient* de sa partition et de ses doigtés. Lorsqu'il maîtrisera son morceau, il n'y pensera plus, tout l'aspect technique de son jeu s'exécutant de manière automatique et inconsciente. Le meneur de jeu d'une équipe de football n'a pas le temps de faire une analyse stratégique de la position des joueurs pour savoir à qui adresser sa passe. Il a incorporé cette analyse et se décide de manière inconsciente et intuitive.

La sagesse du corps

Toute excellence, toute efficacité repose donc sur des instincts inconscients. La raison en est simple : les neuro-sciences nous démontrent aujourd'hui qu'il y a un délai considérable entre l'activité cérébrale et sa prise de conscience. La conscience arrive toujours trop tard, quand l'occasion d'agir est déjà passée. Quand le joueur de foot devient conscient d'une occasion de but, le jeu a déjà changé. Il doit donc frapper *avant* d'en être conscient, d'une manière intuitive, par réflexe ou par prémonition.

Nous devons donc admettre que notre *corps*, notre *inconscient*, nos *pulsions* savent mieux que notre conscience ce qui est bien pour nous. Contrairement à ce que la tradition chrétienne nous a enseigné, le corps n'est pas un simple instrument au service de l'âme. Au contraire, l'âme, la conscience et la raison ne sont que les outils du corps. Celui-ci sait instinctivement ce qui lui convient, puisqu'il est essentiellement activité et non pas une simple représentation schématique et réductrice, comme les produits de l'esprit.

> 66 *Mais celui qui est éveillé, celui qui sait, dit : "je suis corps de part en part, et rien hors cela ; et l'âme ce n'est qu'un mot pour quelque chose qui appartient au corps."*
>
> *« Le corps est raison, une grande raison, une multitude qui a un seul sens, une guerre et une paix, un troupeau et un berger.*
>
> *« Ta petite raison, elle aussi, mon frère, que tu appelles "esprit", est un outil de ton corps, un petit outil, un jouet de ta grande raison.*
>
> *« "Moi", dis-tu, et tu es fier de ce mot. Mais ce qui est plus grand, en quoi tu ne veux pas croire — ton corps et sa grande raison : il ne dit pas "moi", mais il le fait* 99 *(Ainsi parlait Zarathoustra, I, « Des contempteurs du corps »).*

À tout instant, le corps effectue des opérations extrêmement complexes, comme la digestion, la vision, l'audition, la régulation de tout le métabolisme, que la conscience serait incapable d'exécuter, ni même de comprendre. Il faut alors admettre que le corps est *plus intelligent* que la conscience, infiniment plus subtil, plus fin, plus perceptif : il y a bien une *sagesse* du corps.

Incorporer son savoir

Pour pallier la faiblesse de l'homme qui réfléchit, pour guérir l'indécision et la dispersion du libre penseur, nous devons transformer nos pensées en instincts, *incorporer* notre savoir.

> *Si le groupe conservateur des instincts ne la surpassait pas infiniment en puissance, s'il n'exerçait pas dans l'ensemble un rôle régulateur : l'humanité périrait inéluctablement de ces jugements à contresens et de sa manière de rêvasser les yeux ouverts, de son manque de profondeur et de sa crédulité, bref précisément de sa conscience. […] S'incorporer son savoir et le rendre instinctif, cela reste toujours une* tâche *absolument nouvelle, que l'œil humain commence tout juste à apercevoir, que l'on peut à peine identifier avec clarté, — une tâche qu'aperçoivent seuls ceux qui ont compris que nous ne nous sommes incorporé jusqu'à présent que nos* erreurs *et que toute notre conscience ne concerne que des erreurs* (Le Gai Savoir, I, 11).

Comment incorporer son savoir, comment le rendre instinctif ? Nous devons d'abord cesser d'intervenir dans notre vie instinctive et lui laisser la liberté de s'épanouir en trouvant ses propres chemins. Nous pouvons ensuite nous entraîner à endormir le contrôle incessant de la conscience et à réveiller puis affiner nos instincts.

Spiritualiser et non pas expliquer ses passions

La passion peut nous aveugler, nos instincts peuvent être bestiaux et inadaptés à la vie en société. Dans ce cas, remarque Nietzsche, le problème n'est pas la passion en elle-même, mais sa *bêtise*. Les passions, les instincts, les pulsions sont nécessaires à la vie et en sont même l'expression la plus profonde. Vouloir les combattre à cause de leur bêtise au lieu de combattre cette bêtise elle-même relève alors d'une stratégie suicidaire.

> **❝** *Toutes les passions ont une époque où elles sont simplement funestes, où elles traînent leurs victimes vers le fond de tout le poids de la bêtise — et une plus tardive, infiniment plus tardive, où elles épousent l'esprit, se "spiritualisent". Autrefois, à cause de la bêtise dont est porteuse la passion, on faisait la guerre à la passion elle-même. [...] Anéantir les passions et les désirs, dans le seul but de prévenir leur bêtise et les conséquences désagréables de leur bêtise, nous paraît même aujourd'hui purement et simplement une forme aiguë de bêtise. [...] L'Église combat la passion par l'ablation à tous les sens du terme : sa pratique, son "traitement", c'est le castratisme. Elle ne pose jamais la question : "Comment spiritualise-t-on, embellit-on, divinise-t-on un désir ?" [...] Mais attaquer les passions à la racine signifie attaquer la vie à sa racine : la pratique de l'Église est hostile à la vie* **❞** *(Le Crépuscule des idoles, « La morale comme contre-nature », 1).*

Comme les instincts et les passions sont la sève même de la vie, il ne faut pas les détruire en les attaquant à la racine. Il faut les rendre intelligents, les *spiritualiser*. Comment s'y prendre ? Une seconde tradition prétend soigner la bêtise des passions en les rendant *raisonnables*. Spinoza maintenait qu'une passion, dès lors qu'elle est comprise rationnellement, se transforme en une action, d'autant plus puissante qu'elle est fondée sur une connaissance adéquate. Avant lui, Socrate nous invitait à examiner le fondement rationnel de nos croyances, impliquant qu'une idée qui ne peut pas être justifiée par des arguments n'a pas la moindre valeur. Or Nietzsche remarque :

> 66 *Un instinct s'affaiblit lorsqu'il se rationalise : parce que le fait de se rationaliser l'affaiblit* 99 (Le Cas Wagner, *postface*).

Socrate se méfiait de l'aspect clair-obscur des instincts et exigeait qu'ils soient tous disséqués en pleine lumière. Mais par le fait d'être porté à la lumière de la raison, l'instinct cesse d'être un instinct. L'instinct tire justement sa force du fait d'être souterrain, irrationnel, incompris ; de pouvoir se frayer un chemin secret et imprévisible là où la raison érigerait de grands projets. Rationaliser un instinct, c'est précisément le traduire en concepts abstraits, génériques, taillés à l'emporte-pièce, qui pour cela manquent forcément la finesse de l'instinct.

Ne pas chercher à se justifier

Face au fétichisme de la raison, impersonnelle et dépassionnée, face à ce culte de la lumière aveuglante supposée éclairer tous les recoins de notre âme, nous devons au contraire protéger l'obscurité et l'irrationalité de notre vie passionnelle et instinctive. Surtout ne pas se demander la raison de ses actes ! Surtout ne pas tenter d'expliquer la cause de ses désirs ! Surtout ne pas tenter de se justifier ! Car immanquablement on détruirait notre logique intuitive. Le plaisir malin de se donner des raisons comporte toujours une part de mauvaise foi : les bonnes choses de la vie *n'ont pas besoin* de justification, elles sont bonnes en elles-mêmes sans avoir besoin d'un motif pour l'être. Vouloir se justifier est toujours une manière de se mentir en masquant son désir réel par une intention factice. Nos véritables raisons d'agir ne sont jamais aussi simples que le laissent entendre les explications que la raison est capable de donner.

> 66 *On se mettrait à douter d'un homme dont on entend dire qu'il a besoin de* raisons *pour rester décent: il est certain que nous éviterions sa compagnie. Le petit mot "car" compromet dans certains cas; on se* réfute *même parfois par un unique "car". Si nous entendons de plus qu'un tel aspirant à la vertu a besoin de* mauvaises *raisons pour rester décent, cela n'est pas encore une raison pour rehausser notre respect* 99 (Fragment posthume de 1888, *14 [112]*).

Pour protéger nos instincts et les laisser s'épanouir, nous devons nous permettre le luxe d'une certaine inconscience et d'une certaine insouciance. Il nous appartient de ne pas chercher à imposer un schéma rationnel à nos aspirations, de ne pas vouloir mettre nos désirs dans des cases, de nous donner le droit d'être irrationnels comme celui d'être irresponsables. Pour cela, il faut parfois savoir *fermer* les portes de la conscience, *s'ordonner* l'oubli et une certaine forme de bêtise. Il est ainsi nécessaire de se *vider* la conscience pour ne pas déranger notre vie instinctive.

Nous l'avons vu, rien de mieux que l'oubli délibéré pour combattre les affres de la rancœur, du ressentiment et du désir de vengeance. L'oubli n'est pas seulement une tare passive, il est aussi une stratégie active. Il convient maintenant d'étendre ce principe : au-delà des agressions extérieures, l'oubli protège notre inconscient des agressions de notre conscience elle-même, c'est-à-dire de notre raison inquisitrice qui cherche à rendre des comptes, à dompter et à rationaliser nos instincts.

S'ordonner une dose de bêtise transitoire

Face à l'avalanche de questions, de doutes, de tentatives de justification qui nous assaillent à tout moment, la barrière de l'oubli est un véritable bienfait. La force de caractère est précisément cette forme d'aveuglement partiel, de mise à l'écart délibérée des questionnements et des possibilités.

> 66 *Une fois la décision prise, rester sourd même aux meilleurs contre-arguments ; signe du caractère fort. Donc une volonté d'être stupide, à l'occasion* 99 (Par-delà bien et mal, IV, 107).

Nous retrouvons ici le paradoxe qui inaugurait ce chapitre. Toute action décidée, toute force implique une forme de bêtise, de restriction de perspective, de limitation des possibles, comme des digues qui canalisent l'énergie. C'est là le mérite de la morale. Elle impose une contrainte, si arbitraire qu'elle soit, qui concentre dans une unique direction notre force vitale. Si l'intelligence veut devenir forte, elle doit également accepter en son sein une part de bêtise transitoire. Si nous voulons explorer tous les possibles, nous avons besoin de force pour aller au bout de ces possibles. Cela suppose que nous puissions momentanément les exclure tous pour nous jeter à corps perdu dans un seul d'entre eux. En ce sens, une forme de bêtise est bien la condition d'une intelligence qui va au bout de ce qu'elle peut.

L'esclavage comme exercice

Toute forme d'excellence, qu'elle soit artistique, scientifique ou sportive, implique de se fermer momentanément à tout autre intérêt, de se soumettre à des règles strictes et arbitraires, de répéter inlassablement les mêmes procédures, si idiotes soient-elles : répéter des gammes ou des lancers de balle, éplucher jusqu'au moindre détail une littérature spécialisée, dessiner servilement des copies de chef-d'œuvre. Chaque fois, le gain est identique. Par l'abrutissement de notre force réflexive, par l'endormissement de la conscience, le geste lui-même s'enfle de cette intelligence dont notre conscience est privée. Devenant intuitif, le mouvement perçoit des nuances que notre conscience ne saurait voir, le *corps* se met à penser sans le secours de l'esprit.

S'il y a un trait à retenir des morales et des traditions, c'est donc bien leur aspect le plus condamnable *a priori* : le fait d'être une discipline arbitraire et tyrannique.

> 66 *Mais le fait singulier est que tout ce que la terre porte et a porté de liberté, de finesse, de hardiesse, de danse et d'assurance magistrale, que ce soit dans la pensée elle-même ou dans le gouvernement, ou dans l'art de parler et de persuader, dans les arts aussi bien que dans les moralités, ne s'est développé que grâce à la "tyrannie de ces lois arbitraires" […] — cette tyrannie, cet arbitraire, cette rigoureuse et grandiose bêtise ont éduqué l'esprit; l'esclavage est semble-t-il, au sens le plus grossier et le plus subtil, le moyen indispensable pour discipliner et élever l'esprit aussi. On peut considérer toute morale sous ce rapport: c'est la "nature" en elle qui apprend à haïr le laisser-aller, la trop grande liberté, et qui implante le besoin d'horizons restreints, de tâches aussi proches que possible — qui enseigne le rétrécissement de la perspective, et donc, en un certain sens la bêtise, en tant qu'elle est une condition de vie et de croissance* 99 (Par-delà bien et mal, V, 188).

Nietzsche condamne sans appel le « laisser-aller » pour vanter une forme d'« esclavage » – à savoir le dévouement avec lequel le savant ou l'artiste se soumet à des règles arbitraires. Paradoxalement, « l'esclavage » est ici la condition de la véritable liberté. Celle-ci n'est pas l'embarras du choix – embarras qui nous laisse justement dans l'incapacité de choisir et donc dans l'impuissance d'agir. La liberté, c'est au contraire de savoir transcender les limites sévères que l'on s'est imposées. Le poète invente de nouvelles métaphores, parce que les règles contraignantes de la versification l'obligent à chercher plus loin. Le rythme du musicien nous fait oublier le temps en nous hypnotisant, parce qu'il se soumet intégralement à la loi de la mesure. La contrainte libère, parce que – comme la lenteur – elle canalise et intensifie l'énergie en la forçant à suivre une voie étroite. Cependant, l'être humain a toujours confondu les sentiments de liberté et de puissance. C'est quand nous sentons notre puissance que nous nous sentons libres. Mais nous ne nous sentons jamais aussi puissants que quand nous sommes sous l'emprise d'une nécessité.

> ❝ La nécessité *gouverne l'un sous la forme des passions, l'autre lui est soumis dans l'habitude d'écouter et d'obéir, pour le troisième elle est sa conscience logique, pour le quatrième elle prend la figure de son caprice, de son goût pétulant pour tous les écarts. Or, chacun de ces quatre types cherche justement la* liberté de son vouloir là où il est le plus solidement enchaîné : c'est comme si le ver à soie cherchait sa liberté tout juste dans le fait de tisser son cocon. D'où vient cela ? Visiblement de ce que chacun se croit plus libre quand son sentiment de la vie *est le plus intense, c'est-à-dire, on l'a vu, tantôt dans la passion, tantôt dans le devoir, tantôt dans la connaissance, tantôt dans l'impulsion capricieuse* ❞ (Humain, trop humain, *II, 2, 9*).

Nous pouvons maintenant répondre à la question du départ : une fois libérés des chaînes de la morale, comment nous libérer de cette libération, comment guérir de la « maladie des chaînes » ? Nous devrons apprendre à danser dans les chaînes, comme le dit un célèbre aphorisme d'*Humain, trop humain*. Seule la lourdeur des chaînes peut nous enseigner la légèreté du pas, la pirouette, la finesse, l'ironie de la danse.

> ❝ *Ce qui est essentiel "au ciel comme sur la terre" semble-t-il, c'est, pour le dire une fois encore, que l'on obéisse longuement et dans une seule et même direction : cela finit toujours par produire à la longue quelque chose qui fait que la vie sur terre mérite d'être vécue, par exemple vertu, art, musique, danse, raison, spiritualité, — quelque chose de transfigurant, de raffiné, de fou et de divin* ❞ (Par-delà bien et mal, *V, 188*).

Après avoir rejeté les chaînes anonymes de la morale, ces chaînes génériques d'un animal de troupeau, nous devons trouver nos chaînes tout à fait singulières, notre nécessité intérieure à nulle autre pareille. Il nous faut découvrir notre destin, notre fatalité, la passion dominatrice, qui fait que nous ne nous contentions pas d'être ce que nous sommes, mais que nous nous sentions contraints de devenir ce que nous sommes.

Philo-*action*

1. Êtes-vous habitué à une discipline très stricte, à des règles quotidiennes contraignantes ou à des valeurs ou interdits que vous respectez scrupuleusement ? Essayez, pour quelques jours, de complètement vous débarrasser de ces chaînes. Vous manquent-elles ? Vous sentez-vous déstabilisé, désorienté, n'arrivez-vous plus à vous organiser et à canaliser votre énergie ? Si vous répondez oui et croyez avoir besoin de l'étayage d'une discipline, êtes-vous sûr que c'est de vos anciennes règles, de vos anciennes chaînes que vous avez besoin ? Ou pourriez-vous, à partir de votre nouvelle indiscipline et de votre désorientation, concevoir une nouvelle discipline, un nouvel étayage *sur mesure* ?

2. Face à une décision difficile, un cas de conscience, un deuil à surmonter, essayez de ne *pas* réfléchir à la question, de ne *pas* fouiller dans votre conscience. Faites plutôt confiance à votre *grande raison*, à votre corps. Reposez-vous, dormez, faites du sport, nourrissez-vous en vous interdisant de ruminer le problème. Puis, après quelques jours, demandez-vous ce que votre corps a envie de faire. Peut-être, par le repos et l'exercice, votre

corps trouvera-t-il les ressources pour résoudre le problème et vous mener dans la bonne direction.

3. Sentez-vous la nécessité de trouver une explication à vos états d'âme, à vos émotions ou vos réactions passionnelles ? Croyez-vous mieux maîtriser vos passions lorsque vous les rationalisez ? Cela vous réussit-il ? Essayez à l'avenir de laisser vos émotions intactes, sans les expliquer. Au lieu de chercher à les comprendre, demandez-vous ce que vous pouvez en *faire*. Que pourriez-vous produire, créer, changer dans votre vie *grâce* à l'énergie de cette émotion, même si elle est pénible ?

4. Passez-vous beaucoup de temps à justifier vos actes ? Essayez plutôt d'agir de sorte que vous n'ayez pas *besoin* de vous justifier, agissez toujours d'une manière tellement précise que l'acte s'explique de lui-même.

5. Entraînez-vous à avoir des automatismes, à pouvoir agir sans réfléchir et sans devoir vous surveiller, dans le but d'avoir des gestes, des réflexes plus sûrs, plus intuitifs. En vous posant des contraintes arbitraires, et pourquoi pas ludiques, tentez de vous doter ainsi de nouveaux *instincts*, de manières d'agir qui finissent par faire partie de votre nature.

Mieux s'ignorer pour mieux se trouver

Connaissant maintenant l'importance que donne Nietzsche à la lenteur et à l'inconscience instinctive comme vecteurs de force, nous pouvons enfin comprendre l'originalité de son interprétation de la maxime du poète grec Pindare : *« Deviens ce que tu es. »* La contradiction apparente de cette injonction est frappante : pourquoi dois-je devenir ce que je suis *déjà*, si je n'ai l'espoir de *changer*, de devenir *autre* que je suis ? Pourquoi, au lieu de me contenter de ce que je *suis*, me faudrait-il viser un hypothétique devenir ? Par sa contradiction temporelle, l'injonction semble absurde et donc d'autant plus fascinante.

Faut-il se connaître pour être véritablement soi-même ?

On a tenté de résoudre cette contradiction en l'approchant d'une autre maxime grecque, le *« Connais-toi toi-même »* inscrit sur le fronton du temple d'Apollon à Delphes. Tant que nous ignorons notre véritable être, semble dire la tradition occidentale de Socrate à Freud, nous ne sommes pas encore nous-mêmes. Un long et patient travail de remémoration, de prise de conscience, d'éclairage progressif des sous-sols de notre âme serait nécessaire pour que nous puissions accéder à notre véritable identité. Nous pourrions penser que Nietzsche, reconnu par Freud comme son précurseur, tant il souligne l'importance de l'inconscient dans la constitution de notre identité, rejoint ici la vulgate psychanalytique. En effet, il écrit :

> 66 *Tous nos motifs conscients sont des phénomènes de surface : derrière eux se tient la lutte de nos pulsions et conditions, la lutte pour le pouvoir* 99 *(Fragment posthume de 1885, 1 [20]).*

Trouver son identité, est-ce alors pénétrer au-delà de cette superficialité de la conscience pour découvrir les conflits inconscients qui nous déterminent ? Notre identité personnelle se situe effectivement à ce niveau. Nous sommes un réseau de pulsions et d'instincts, plus ou moins harmonieux, plus ou moins organisés, plus ou moins énergiques. C'est la hiérarchie entre nos pulsions et instincts qui définit notre personnalité.

Pour nous réaliser en tant qu'êtres humains, nous faut-il vraiment mettre en lumière ce monde de combats souterrains ou, au contraire, devons-nous laisser ce processus s'acheminer *loin* de notre regard ?

Vouloir être soi pour devenir soi-même

Nietzsche donne un premier indice quand il affirme que notre identité personnelle n'est pas du tout une question de connaissance, mais de volonté.

> 66 Veuille un Moi. — *Les natures actives qui connaissent le succès ne se conduisent pas selon le précepte "connais-toi toi-même", mais comme si elles suivaient cet ordre imaginaire :* veuille *un Moi et tu* deviendras *quelqu'un. — Le destin semble leur avoir encore laissé le choix ; alors que les inactifs et contemplatifs méditent sur celui qu'ils* ont *fait une seule fois, en entrant dans la vie* 99 (Humain, trop humain, *II, 1, 366).*

Ce n'est jamais grâce à la connaissance que nous pourrons nous réaliser. La connaissance ne vient toujours qu'après coup, pour constater ou contempler ce qui s'est déjà produit. Devenir ce que l'on est, c'est sculpter la matière brute de nos pulsions, organiser le chaos de nos affects, donner forme au bouillonnement de nos désirs. Il s'agit d'imposer une volonté plus forte au faisceau de volontés divergentes qui nous constitue. La connaissance reste impuissante à nous donner un soi.

Ignore-toi toi-même !

Pire : non contente de ne pas favoriser notre édification personnelle, la connaissance de soi lui nuit. Nietzsche rompt ainsi avec toute l'histoire de la philosophie occidentale (mais s'approche de la philosophie taoïste de Zhuangzi, qu'il ignorait certainement) en affirmant que, pour construire sa personnalité, il ne faut surtout pas essayer de se comprendre. La « conscience de soi » est l'ennemi principal de la réalisation de soi.

> 66 *Qu'on devienne ce qu'on est suppose qu'on n'ait pas le moindre pressentiment de ce qu'on est* 99 *(Ecce Homo, « Pourquoi je suis si avisé », 9, traduction modifiée).*

La prise de conscience ne peut en effet que *déformer* ce que nous sommes. Prendre conscience, c'est braquer les projecteurs de la raison sur des sentiments opaques et des pulsions troubles, donc falsifier et détruire la réalité de notre vie intérieure. Comme en physique quantique, où la simple observation modifie le déroulement des phénomènes observés, la prise de conscience affecte en profondeur notre univers pulsionnel et instinctif. Elle aplanit notre vie intérieure. La conscience, en effet, ne saisit que la couche la plus superficielle de notre être et efface nécessairement ce que notre vécu a de plus singulier et de plus individuel.

La conscience banalise notre vie intérieure

La conscience n'est pas une loupe destinée à explorer son monde intérieur, mais un portail conçu pour communiquer avec le monde extérieur. Prendre conscience de soi-même, c'est alors ne saisir de soi que ce qui ressemble à tous. C'est ne voir de soi-même que ce que l'on peut communiquer aux autres.

> 66 *Ma pensée est, comme on le voit, que la conscience n'appartient pas proprement à l'existence individuelle de l'homme, bien plutôt à ce qui en lui est nature communautaire et grégaire; qu'elle ne s'est également développée avec finesse […] qu'en rapport à l'utilité communautaire et grégaire, et que par conséquent chacun de nous, en dépit de toute sa volonté de se comprendre de manière aussi individuelle que possible, de se "connaître soi-même", ne prendra jamais conscience précisément que du non-individuel en lui, de sa "moyenne", — que notre pensée même est continuellement, en quelque sorte, mise en minorité par le caractère de la conscience — par le "génie de l'espèce" qui commande en elle — et se voit retraduite dans les perspectives du troupeau. Toutes nos actions sont au fond incomparablement personnelles, singulières, d'une individualité illimitée, cela ne fait aucun doute; mais dès que nous les traduisons en conscience, elles semblent ne plus l'être...* 99 (Le Gai Savoir, V, 354).

Notre conscience a une tare majeure : nous ne sommes pas capables de penser sans coller des mots sur nos sensations. Mais alors que nos sensations sont individuelles, nos mots sont des généralités, faites pour communiquer des nécessités pratiques aux autres : « Passe-moi le sel », « Combien coûte le kilo de bifteck », « Il fait beau aujourd'hui »... Dès que vous voulez parler d'un sentiment intime, de votre amour, de votre haine, de votre espoir, il n'y a que ces mots grossiers et passe-partout... amour, haine, espoir. « Chaque mot est un préjugé », écrit Nietzsche (*Fragment posthume de 1883*, 12 {1}).

Il nous est impossible de penser en dehors des catégories, des schémas et des simplifications du langage.

> 66 *À chaque instant nous ne formons que la pensée pour laquelle nous avons précisément sous la main les mots capables de l'exprimer approximativement* 99 (Aurore, IV, 257).

Prendre conscience de soi-même revient alors à renoncer à soi-même, à troquer sa singularité contre une image préfabriquée, standardisée, homologuée par les généralités du langage. On comprend dès lors pourquoi toute prise de conscience prématurée de notre vocation ne pourrait que nous dévier de *notre* chemin. Elle nous ferait emprunter le chemin dessiné d'avance par le langage, le chemin du troupeau.

> 66 *On doit préserver toute la surface de la conscience — la conscience, oui, est surface — pure de toute atteinte d'un quelconque des grands impératifs. Attention même à tous les grands mots, à toutes les grandes attitudes!* Autant de dangers que l'instinct se "comprenne" trop tôt. Entre-temps ne cesse de grandir "l'idée" organisatrice, appelée à la maîtrise — elle commence à ordonner, lentement elle ramène hors des chemins détournés et écartés, elle prépare des qualités et des capacités séparées qui, un jour, se révéleront indispensables comme moyens du tout — elle façonne tour à tour toutes les facultés servantes, avant même de laisser transpirer quoi que ce soit de la tâche dominante, du "but", de la "fin", du "sens" 99 (Ecce Homo, loc. cit.).

Plaquer des mots ou des images sur nos sensations, sur nos désirs encore embryonnaires, sur les esquisses fragiles de nos futures vocations, c'est les tuer dans l'œuf, les étrangler au garrot des idées générales. Laisser à nos désirs le temps de trouver leur chemin, à nos pulsions divergentes de se tresser dans un projet plus global, nécessite de les laisser œuvrer dans l'ombre. Toute intervention volontaire, consciente, délibérée, ferait avorter ce fourmillement pulsionnel et coaguler prématurément ces fluides créateurs. Elle pousserait trop tôt nos désirs dans une direction unique qui pourrait s'avérer un cul-de-sac.

Trouver son chemin dans l'errance

Il faut se perdre pour se trouver, dit en résumé Nietzsche, et un temps d'errance est nécessaire à la maturation de tout véritable projet de vie.

> 66 *Si l'on admet, en effet, que la tâche, la détermination, le destin de la tâche dépasse considérablement la mesure moyenne, il n'y aurait pas de plus grave danger que de se voir soi-même à travers cette tâche. [...] De ce point de vue, les méprises mêmes de l'existence ont leur sens et leurs valeurs propres tout comme les chemins détournés et les écarts du chemin épisodiques, les hésitations, les "pudeurs", le sérieux dépensé à des tâches qui se trouvent au-delà de la tâche. Là peut se manifester une grande intelligence, voire l'intelligence suprême : là où le "connais-toi toi-même" serait une recette pour se perdre, l'oubli de soi, la méprise de soi, le rapetissement, le rétrécissement, la médiocrisation de soi deviennent la raison même* 99 (Ecce Homo, loc. cit.).

Les accidents de parcours comme les passages à vide, les aveuglements temporaires comme les désillusions, les remises au lendemain comme les hésitations sont donc des étapes nécessaires dans la construction de soi. Il est parfois nécessaire de s'éparpiller, de passer d'un métier, d'un cursus d'études ou d'un partenaire sentimental à l'autre d'une manière apparemment capricieuse, comme à d'autres moments il est nécessaire de s'enfermer dans la sécurité d'une activité ou d'une relation monotone, de s'abrutir dans la répétition de tâches mécaniques. Chaque fois, nous nous préparons à une tâche future que nous ignorons encore, nous en expérimentons les modalités, nous en peaufinons les talents requis.

Trouver sa bêtise incorrigible

Plus nous errons, plus nous nous éparpillons, plus nous avons l'impression de changer et plus nous percevons un invariant : quelque chose en nous est immuable qui ne se révèle qu'au bout de multiples métamorphoses. À force d'explorer tous les possibles, nous nous heurtons nécessairement à une impossibilité – une impossibilité sourde que nous ne voulons d'abord pas reconnaître. C'est cette barrière immuable de notre nature que Nietzsche appelle le *destin*, la *fatalité*. S'il existe un destin – un parcours tout tracé depuis notre naissance –, il se tient dans notre nature profonde et notre caractère. Toutefois qu'est-ce qui définit notre caractère ? Non pas tant notre force ou notre intelligence que notre faiblesse constitutive : le point aveugle que nous ne pouvons dépasser, une forme de bêtise qu'il nous est impossible d'amender ou d'instruire. Découvrir la fatalité de son être, c'est découvrir un trait de caractère *incorrigible*, un défaut, une limite qui est comme l'ossature de notre être.

> 66 *Mais au fond de nous, tout "en dessous", il y a assurément quelque chose qui se refuse à apprendre, un granit de fatalité spirituelle, de résolution et de réponse prédéterminées à des questions sélectionnées de manière prédéterminée. À l'occasion de tout problème cardinal s'exprime un "voilà comment je suis" immuable : sur l'homme et la femme, par exemple, un penseur ne peut pas réviser ce qu'il a appris, mais seulement pousser son apprentissage à son terme. [...] Plus tard, on voit dans ses [convictions] seulement des traces menant à la connaissance de soi, des panneaux indicateurs menant au problème que nous sommes, — plus précisément à la grande stupidité que nous sommes, à notre fatum spirituel, à ce tout "en dessous" qui se refuse à apprendre* 99 (Par-delà bien et mal, VII, 231).

Une fois rencontrée cette part de fatalité qui nous définit, ce trait de caractère qui est la signature de notre destin, que malgré nos efforts il nous est impossible de changer, nous pouvons commencer à organiser nos pulsions. L'existence d'une pulsion dominatrice et invariable permet de mettre à son service les autres pulsions. Du désordre et de l'anarchie intérieurs naît un ordre, une structure, une hiérarchie de pulsions qui se soutiennent et se complètent. Là réside la différence entre une personnalité forte et une personnalité faible. Alors que le faible est la proie de ses pulsions qui se combattent et s'annulent, le fort est motivé par une passion dominante qui remet à leur place les pulsions secondaires. Le corps est une structure sociale composée de plusieurs âmes, écrit Nietzsche, et l'âme aussi est une « construction sociale de pulsions et d'affects » (*Par-delà bien et mal*, I, 19).

Jardiner ses passions

La découverte d'une grande passion peut ainsi remettre sur des rails une vie en perdition. Combien de jeunes à la dérive, entre échec scolaire, drogue et oisiveté, se sont rangés sans le moindre effort le jour où ils ont rencontré leur vocation ? Le parcours du romancier américain James Ellroy, tel qu'il le décrit dans son livre *Ma part d'ombre*[1], illustre à perfection la thèse de Nietzsche. Après le brutal assassinat de sa mère et la mort de son père, l'adolescent Ellroy, sans domicile fixe, petit délinquant, alcoolique et drogué, commence une lente descente aux enfers qui va durer dix ans. Pendant tout ce temps, il dévore des romans de gare et s'enivre de fantaisies érotiques de femmes torturées et assassinées, vouant un véritable culte au meurtre jamais résolu du *Dahlia noir*, sans se rendre compte que son destin est identique à celui de sa mère. Puis, du jour au lendemain, il trouve un emploi de caddie de golf le

---

1. Rivages, 1999.

matin et se met à écrire tous les après-midi. Alors seulement, il prend conscience que, pendant ses années de dérive, il a préparé et peaufiné son art d'écrivain sans le savoir, travaillant à son œuvre romanesque dans une inconscience absolue. Dès cet instant, il arrête l'alcool et les drogues.

C'est donc toujours une passion plus forte qui dompte nos passions destructrices. Grâce à ce nouveau centre de gravité, nous pouvons prendre soin de ces dernières, les disposer, les tresser, les embellir à notre goût. Le travail conscient de construction commence. Avec cette note fondamentale, nous avons la liberté de broder les contrepoints de notre personnalité. C'est, toujours et encore, notre nécessité, notre fatalité, qui nous ouvre l'espace de notre liberté.

❝ Ce qui nous est loisible: *On peut en user avec ses instincts comme un jardinier et, ce que peu de gens savent, cultiver les semences de la colère, de la pitié, de la ratiocination, de la vanité de façon aussi féconde que de beaux fruits sur un espalier* ❞ (Aurore, V, 560).

Le *jardinage*, la vie végétale, l'élevage de plantes est une des métaphores préférées de Nietzsche pour parler du développement personnel, de la sculpture de soi. Au lieu de *dresser* ses passions comme on le fait avec des bêtes sauvages, qu'on castre, fouette et enchaîne, il faut les *élever* comme des plantes : les arroser, mais aussi les tailler, trouver leur bonne orientation entre soleil et ombre, les guider avec des tuteurs, leur donner le bon engrais. Contrairement au *dressage,* qui vise à affaiblir et soumettre l'animal, l'élevage d'une plante *renforce* la croissance de la plante. Il s'agit alors de disposer chaque aspect de notre personnalité de manière que tous se renforcent mutuellement.

❝ Semer et récolter sur des défauts personnels. — *Des hommes comme Rousseau s'entendent à faire servir leurs faiblesses, leurs lacunes, leurs vices de fumier à leur talent* ❞ (Humain, trop humain, I, 9, 617).

Nous devons reconnaître nos faiblesses comme des *lois* qui s'imposent à nous (*Aurore*, V, 218). Cependant il nous est aussi loisible de les utiliser comme des éléments d'une composition artistique : l'une peut nous pousser à perfectionner un aspect plus fort de notre personnalité, l'autre peut mettre en valeur un trait de caractère avec lequel elle contraste, une autre encore peut justifier le repos après une manifestation de force. Notre paresse peut nous inciter à développer notre intelligence (elle en sera ainsi le fertilisant), notre avarice peut faire ressortir notre gentillesse comme une qualité d'autant plus grande, notre naïveté peut être un délassement agréable après avoir démontré notre humour.

Composer une partition humaine

Il est donc concevable de composer son être comme un compositeur écrit sa partition. Nous disposons de traits prépondérants dans notre personnalité et, si pauvres soient-ils, nous pouvons les combiner de manière attrayante et intrigante. L'imagination mélodique de Beethoven, par exemple, n'était pas très développée. Il savait néanmoins tresser une partition captivante avec des thèmes pourtant parfois très frustes, comme les quatre notes qui introduisent la *Symphonie n° 5*. Les artistes peuvent ainsi être des maîtres de vie, non pas par leur biographie, mais par leur manière d'organiser le matériau brut de leur œuvre en un tout qui transcende ses parties. De la même façon que le talent et le travail d'un artiste savent transformer une inspiration médiocre en chef-d'œuvre, nous pouvons organiser nos passions et nos faiblesses de manière que notre personnalité soit plus intéressante dans son ensemble que dans ses détails.

❝ *C'est tout cela que nous devons apprendre des artistes, en étant pour le reste plus sages qu'eux. Car chez eux, cette force sub-*

tile qui leur est propre s'arrête d'ordinaire là où s'arrête l'art et où commence la vie: mais nous, *nous voulons être les poètes de notre vie, et d'abord dans les choses les plus modestes et les plus quotidiennes* **99** (Le Gai Savoir, IV, 299).

S'il est ainsi nécessaire de « donner du style à son caractère » (*ibid.*, 290), nous sommes toutefois libres de le choisir. Certains aiment un style strict, géométrique et classique, où rien ne dépasse, où tout est soumis à un plan dominateur, alors que d'autres préfèrent se concevoir comme une part de nature sauvage, débordante, indisciplinée et imprévisible. À partir du bloc de nécessité fatale que nous sommes, nous disposons d'une liberté d'interprétation certaine de notre existence. Ce qui compte, c'est d'être en paix avec ce qui en résulte.

66 *Car une chose est nécessaire: que l'homme parvienne à être content de lui-même — fût-ce au moyen de telle ou telle poétisation et de tel ou tel art: c'est seulement ainsi que la vue de l'homme est supportable! Celui qui est mécontent de lui-même est toujours prêt à s'en venger: nous autres deviendrons ses victimes, ne serait-ce que pour avoir à toujours supporter la laideur de son aspect. Car la vision du laid rend mauvais et sombre* **99** (Le Gai Savoir, IV, 290).

De nouvelles questions alors ne manquent pas de se poser: quel aspect voulons-nous donner à notre existence? Comment voulons-nous sculpter notre caractère? Qu'attendons-nous de notre vie? Quel ordre ou quel désordre, quelle harmonie ou quel contraste voulons-nous pour nos passions? C'est maintenant Nietzsche lui-même qui pose les questions vitales.

Questions *vitales*

Les mises en forme typiques de soi. Ou : les huit questions principales :

1. Veut-on être plus multiple ou plus simple ?
2. Veut-on devenir plus heureux ou plus indifférent au bonheur et au malheur ?
3. Veut-on devenir plus content de soi ou plus exigeant et intransigeant ?
4. Veut-on devenir plus souple, conciliant, humain ou « inhumain » ?
5. Veut-on devenir plus intelligent ou plus impitoyable ?
6. Veut-on atteindre un but ou éviter tout but (comme le fait le philosophe, qui subodore en tout but une limite, un angle, une prison, une bêtise…) ?
7. Veut-on davantage inspirer l'estime ou la crainte ? Ou le *mépris* !
8. Veut-on devenir tyran ou séducteur, berger ou animal de troupeau ?

(*Fragment posthume de 1888*, 15 [115])

Aimer ses ennemis

La force n'est pas la paix intérieure, l'absence de conflits, de tensions, de passions violentes. Autant que d'une passion dominante, la forte personnalité a besoin de passions *contradictoires*, d'un conflit intérieur qui augmente et enrichit l'énergie de la passion. Notre passion principale doit être incitée, provoquée, contestée pour se maintenir en éveil et déployer toute sa force.

> *L'homme le plus sage serait* le plus riche en contradictions, *ayant, pour ainsi dire, des organes tactiles pour toutes les espèces d'homme: et au milieu de tout cela, des instants d'une* harmonie grandiose — *le suprême* hasard, *en nous aussi!* (Fragment posthume de 1884, 26 [119]).

Le grand style, c'est devenir maître de son chaos

La sagesse, ce n'est pas seulement l'unité, mais l'unité de la plus grande diversité possible. Ce n'est pas seulement l'ordre, mais l'ordre d'un désordre plus fondamental. Ce n'est pas seulement l'harmonie, mais l'harmonie résultant d'une dissonance plus profonde. On comprend mieux maintenant l'appel de Zarathoustra : « Il faut avoir du chaos en soi pour enfanter une étoile dansante. » La paix intérieure ne peut pas être créatrice et stimuler la vie. Nous avons besoin de désordre pour créer un nouvel ordre, de l'excès pour nous imposer une mesure. La création est toujours une mise en forme d'un chaos débordant, et ce chaos primordial est aussi important que la discipline de la mise en forme. Car c'est lui qui nous pousse et nous contraint à lui inventer une forme. On comprend dès lors que la grandeur humaine n'est ni la sagesse dépassionnée ni l'abandon à la sauvagerie des passions, mais la maîtrise des passions, qui sera d'autant plus forte que les passions sont violentes.

> 66 *Ce grand style a ceci en commun avec la grande passion, il lui dédaigne de plaire, il oublie de persuader, il commande, il veut… Devenir maître du chaos qu'on est; contraindre son chaos à devenir forme; devenir nécessité dans la forme: logique, simple, sans équivoque, mathématique; devenir loi: voilà ce qu'est la grande ambition ici* 99 (Fragment posthume de 1888, *14 [61]*).

Nous devons donc non seulement apprendre à dominer notre bouillonnement intérieur en lui donnant une forme artistique, mais aussi apprendre à créer et maintenir ce bouillonnement. Nous avons besoin d'aiguillons pour nous tenir en éveil, de secousses pour créer des remous intérieurs, d'une opposition, de résistances pour provoquer notre force.

Il faut savoir être méchant pour pouvoir être bon

Si la contradiction est le moteur de toute construction de soi, on comprend que la *vertu* ne puisse pas se déployer si elle n'est propulsée par un *vice* plus profond, que le *bien* reste impuissant s'il n'est inspiré par le *mal*. Nietzsche maintient, en effet, que la *bonté* et la *méchanceté* de l'homme sont intimement liées. Si nous n'étions pas capables de faire le mal – s'il nous manquait l'intrépidité, la perspicacité, la persévérance nécessaire – nous serions aussi incapables de faire le bien. De la même façon que le bonheur et la souffrance sont les deux faces d'une même médaille, la bonté et la méchanceté reposent sur les mêmes compétences. Pour devenir meilleurs, nous devons aussi devenir plus méchants.

> 66 *Mais il en va de l'homme comme de l'arbre. Plus il veut s'élever vers les hauteurs et la clarté, plus ses racines plongent dans la terre, vers le bas, dans les ténèbres et les profondeurs — dans le mal* 99 (Ainsi parlait Zarathoustra, I, *« De l'arbre à la montagne »*).

Pour civiliser l'homme, pour combattre son pouvoir maléfique, la morale s'est attaquée à ses passions qu'elle voyait comme la racine de la méchanceté humaine. Mais l'homme civilisé, assagi, adouci et dépassionné qui en résulte est aussi un homme aplati, ramolli, amputé d'une partie essentielle de son être. L'homme vertueux, dira Nietzsche, est un homme *hémiplégique*. Ayant paralysé sa mauvaise moitié, il n'a plus la force et l'agilité pour se servir de sa bonne moitié. Car l'énergie et la ruse que nous employons pour faire le mal sont les mêmes que celles qui se révèlent nécessaires pour faire le bien. Bien agir demande en réalité davantage d'énergie que mal agir, puisque cela consiste à sublimer et à surmonter ses passions nocives tout en se servant de leur énergie.

> 66 *[…] Entre les actions bonnes et mauvaises, il n'y a pas de différence d'espèce, mais tout au plus de degré. Les bonnes actions sont de mauvaises actions sublimées, les mauvaises, des bonnes actions tournées à la grossièreté, à la bêtise* 99 (Humain, trop humain, I, 2, 107).

Nous devons donc cesser d'avoir peur de nos passions même les plus destructrices et les plus maléfiques. Les étouffer, c'est museler une partie de notre puissance et de notre être. Plutôt que de se castrer, Nietzsche pense qu'il est possible d'utiliser ses mauvais penchants comme ferments et fertilisants des bons. Quand on veut *affirmer* la vie, il faut accepter d'en affirmer aussi les côtés sombres ou destructeurs, assumer la part de négation que l'on porte en soi. La colère, l'envie, la cupidité, même la cruauté et le ressentiment sont de puissants moteurs qui peuvent nous pousser à sublimer ces mêmes passions.

Débrider ses passions pour devenir de «doux barbares»

Il ne s'agit pas pour autant de rejeter les progrès réels de la sociabilité de l'homme. En cinq cents ans, nos sociétés occidentales ont divisé le taux d'homicide par cinquante, ont rendu intolérable toute forme de violence ou de cruauté, aboli la peine de mort, donné une dignité aux handicapés, protégé les femmes et les enfants battus. On peut considérer cet adoucissement des mœurs comme une nouvelle chance, une condition permettant de lâcher la bride et de donner plus de latitude à nos passions, parce que les progrès de la civilité les a rendues plus inoffensives. Comme l'homme n'est plus « un loup pour l'homme », on peut à nouveau laisser s'exprimer le fauve qui sommeille en nous.

> **66** *Les plus puissantes et les plus dangereuses passions de l'homme, celles qui le font périr le plus facilement, ont été mises au ban d'une manière tellement systématique que les hommes les plus puissants sont eux-mêmes devenus impossibles, ou sinon se sentiraient* méchants, *"nuisibles et prohibés". Cette perte est grande, mais jusqu'à présent nécessaire : aujourd'hui, alors qu'un grand nombre de forces contraires ont été élevées par la répression momentanée de ces passions (la soif de domination, le goût du déguisement et de la tromperie), leur déchaînement est à nouveau devenu possible : elles n'auront plus l'ancienne férocité. Nous nous permettons la barbarie douce : qu'on regarde nos artistes et hommes d'État* **99** (Fragment posthume de 1885, *1 [4]*).

Entre la sauvagerie violente et une civilité timide et procédurière, une alternative est possible : la *barbarie douce.* Nous serons *barbares* – c'est-à-dire libérés des règles de notre civilisation –, nous donnerons toute leur latitude à nos passions, mais nous agirons avec *douceur*. Nous aurons spiritualisé, sublimé, embelli ces passions, y compris les plus violentes. La morale, en voulant *tempérer* l'homme, l'a rendu tiède ou même glacial. Il est temps, dit Nietzsche, de redécouvrir les *tropiques*, de réintroduire la *jungle* dans la morale, de donner toute sa place à *l'homme tropical*[1] (*Par-delà bien et mal*, V, 197).

Danser sur les abîmes

C'est que l'homme de la jungle comprend l'importance du *danger*. Il sait que celui-ci non seulement nous renforce, mais aussi nous *allège*. La recherche délibérée du danger est ainsi le meilleur fortifiant et la meilleure thérapie contre la mélancolie, la rumination métaphysique, la timidité existentielle.

> 66 *Car, croyez-moi ! — le secret pour retirer de l'existence la plus grande fertilité et la plus grande jouissance, c'est :* vivre dangereusement ! *Bâtissez vos villes sur le Vésuve ! Lancez vos navires sur des mers inexplorées ! Vivez en guerre avec vos pareils et avec vous-mêmes !* 99 (Le Gai Savoir, IV, 283).

Nous avons besoin de risques et de menaces dans nos vies parce que l'on ne développera jamais sa force si l'on n'a pas de *raisons* pour le faire. Le danger a le mérite de nous *contraindre* à être forts. Sans y être exposés, nous ne connaîtrons jamais nos moyens de défense, notre agilité, notre ruse.

Nietzsche s'inspire ici de Stendhal, qui dans ses récits de voyage à *Rome, Naples et Florence* remarque que c'est « l'absence de danger dans les rues qui nous fait si petits ». Et effectivement, ceux qui se sont promenés dans les rues de Bogotá ou de Caracas savent comment la perception du danger rend plus sensible, plus rapide, plus léger. Le frisson de la menace fait pousser des ailes : on pose à peine ses talons sur le bitume, on se faufile le long des rues, le regard se fait perçant, embrasse

---

1. Ce n'est certainement pas un hasard si quatre chanteurs du mouvement tropicaliste brésilien, Gal Costa, Maria Bethânia et son frère Caetano Veloso, et le futur ministre Gilberto Gil ont nommé leur groupe commun *Os Doces Barbaros*, « Les Doux Barbares ».

tout. Et nulle part on ne fait autant la fête, on ne vit avec autant d'intensité et de joie qu'à Tel-Aviv ou Rio de Janeiro, malgré la peur incessante d'un attentat suicide ou d'un braquage à main armée. Dans ces villes, la présence du danger apprend effectivement à *danser sur les abîmes.* Ce sont les funambules qui nous apprennent à danser, c'est le précipice qui nous enseigne l'agilité et la légèreté. Ce n'est pas avec de gros sabots qu'on évite de tomber dans le précipice, mais en caressant la corde de la pointe de ses pieds.

Est-ce à dire qu'il faut conseiller à nos hommes politiques de relâcher des condamnés dans les rues, d'accroître les inégalités pour provoquer davantage de violence, de déclarer de nouvelles guerres pour créer les conditions de notre force et de notre dépassement ? Nietzsche semble parfois le suggérer, par goût de la provocation peut-être, par désir de bousculer nos modes de pensée sûrement. Si, pour lui, il faut vivre dangereusement, c'est moins en se risquant dans un coupe-gorge qu'en risquant des idées nouvelles dont on ne connaît pas encore les conséquences. De la même manière que son éloge de l'*esclavage* est métaphorique et désigne la discipline que l'on s'impose à soi-même, le *danger*, la *guerre*, l'*hostilité* qu'il vante concernent davantage notre vie intérieure que la réalité sociale ou politique.

Nietzsche explique, par exemple, que les grands prosateurs ont toujours été en même temps des poètes, car le style littéraire naît du conflit entre la prose et la poésie. « La guerre est le père de toutes les bonnes choses, la guerre est aussi le père de la bonne prose ! » (*Le Gai Savoir*, II, 92). C'est toujours une contradiction intérieure, une tension entre deux extrêmes, la rivalité entre deux valeurs ou aspirations opposées qui fait jaillir l'invention.

Les vertus de l'hostilité

Pour produire cette tension, nous avons besoin d'*ennemis*. Mais s'ils sont nécessaires pour nous éveiller, il faut prendre garde de ne *pas* les vaincre, de ne pas les détruire, sans quoi nous n'en aurons plus. Pas question donc de *nier* ses ennemis ni de les *haïr*. Nietzsche donne ainsi un sens nouveau au commandement chrétien d'*aimer ses ennemis*. C'est un des exemples de la *spiritualisation* des passions même les plus violentes.

> **❝** *La spiritualisation de la sensualité a pour nom Amour : c'est un grand triomphe sur le christianisme. Un autre triomphe est notre spiritualisation de l'hostilité. Elle consiste à comprendre profondément la valeur qui possède le fait d'avoir des ennemis : bref, d'agir et de raisonner exactement à l'inverse de la manière dont on agissait et raisonnait autrefois. L'Église voulut de tout temps l'anéantissement de ses ennemis, nous, les immoralistes et antichrétiens voyons notre avantage dans le fait que l'Église existe. […] Notre attitude n'est pas différente à l'égard de "l'ennemi intérieur" : là aussi, nous avons spiritualisé l'hostilité, là aussi, nous avons saisi sa valeur. On n'est fécond qu'à ce prix : être riche en oppositions, on ne demeure jeune que sous la préposition que l'âme ne se vautre pas, ne désire pas la paix…* **❞** (Le Crépuscule des idoles, « *La morale comme contre-nature* », 3).

Quand l'Église appelle à aimer ses ennemis (au lieu de les persécuter comme elle le fit en réalité), elle veut qu'on *sauve* ses ennemis par l'amour, c'est-à-dire qu'on les *convertisse*. On aime ses ennemis pour qu'ils *cessent* d'être des ennemis – peu importe que ce soient eux-mêmes qui disparaissent ou seulement leur hostilité. Nietzsche demande toutefois le contraire : *aimer* ses ennemis signifie avoir de la gratitude pour leur hostilité même, être reconnaissants du fait que quelque chose nous résiste, nous provoque et nous mette en question. Il ne faut donc en aucun cas les haïr, vouloir les supprimer ou même les affaiblir.

Les hostilités, les discriminations, les harcèlements qu'on rencontre doivent à l'inverse s'interpréter comme une *chance*.

Ce sont autant d'occasions de peaufiner ses instincts, d'inventer de nouvelles défenses, de montrer sa supériorité. Pour beaucoup de musiciens de jazz, le racisme contre les Noirs américains n'a pas seulement été une souffrance. Ce fut aussi une incitation à inventer une musique plus puissante, plus sophistiquée, plus profonde que celle dont étaient capables leurs persécuteurs, qui bientôt allaient devenir des imitateurs grossiers et dilettantes. L'homophobie a inspiré certains des plus grands écrivains en les obligeant non seulement à dissimuler leur homosexualité dans une analyse moins conventionnelle de la sexualité humaine, comme le fit Proust, mais aussi à profiter de leur statut de *paria* pour risquer une critique plus radicale de la société, comme le firent Genet ou Pasolini. S'il est légitime de combattre toutes les formes de discrimination sur un plan *sociétal*, il faut en même temps savoir s'inspirer des obstacles qu'elles font naître dans la vie individuelle, plutôt que de se figer dans le ressentiment et la rancune.

Nous devons donc apprendre à *choisir* nos ennemis et respecter une éthique de la guerre équitable et productive.

> *Ma pratique de la guerre s'énonce en quatre principes: Premièrement, je n'attaque que des causes victorieuses, — le cas échéant j'attends qu'elles le soient. Deuxièmement: je n'attaque que des causes face auxquelles je serai dépourvu d'alliés, où je m'avance seul, — où je suis seul à me compromettre… […] Troisièmement: je n'attaque jamais les personnes, — je ne me sers de la personne que comme d'un verre fortement grossissant à l'aide duquel on parvient à rendre visible une situation désespérée qui concerne tout le monde, mais sournoise et difficile à percevoir. […] Attaquer est de ma part une marque de bienveillance, le cas échéant de gratitude. Je rends hommage, je distingue en associant mon nom à une chose, à une personne: pour au contre, cela m'est égal en l'occurrence* (Ecce Homo, «Pourquoi je suis si sage», 7).

Le but de la guerre nietzschéenne n'est donc pas de vaincre. Il est de stimuler nos propres forces aussi bien que celles de nos ennemis. Il en va de même avec ceux de l'*intérieur*. Il ne faut pas songer à supprimer ses passions violentes ou morbides, ses angoisses, ses aspirations irréalistes, car c'est précisément dans le combat avec ces démons que nous nous construisons. C'est dans la confrontation avec l'aspect noir de l'existence, dans le face-à-face avec la mort, la souffrance, la bêtise, la méchanceté, dans la lutte avec sa propre faiblesse et sa paresse que l'homme est contraint de puiser au plus profond de lui-même et donner ce qu'il a de meilleur.

Philo-*action*

1. Percevez-vous des contradictions plus ou moins fortes dans votre personnalité, dans vos goûts, vos valeurs, vos ambitions ou vos talents ? Essayez-vous de supprimer ou de refouler ces contradictions, parce que vous avez l'impression qu'elles vous paralysent ? Essayez plutôt de renforcer ces contradictions : vous avez la chance d'en avoir, elles font de vous une personnalité riche. Demandez-vous comment vous pouvez vous servir du dynamisme de ces contradictions et comment votre effort pour les maîtriser peut vous obliger à être inventif, à trouver une solution originale à ce conflit intérieur. Avez-vous peur de votre violence intérieure ? Vous arrive-t-il d'avoir peur de faire le mal, de penser que vous êtes habité par des passions mauvaises ? Essayez-vous par conséquent de combattre cette violence ? Demandez-vous plutôt comment vous pourriez vous servir de cette énergie pour alimenter une démarche plus spirituelle.

2. Évitez-vous systématiquement tous les dangers ? En amour, dans votre profession, dans vos pen-

sées ? Essayez, au lieu de fuir le danger, de l'affronter, de jouer avec le feu, pour voir de quelle manière il peut vous inspirer, provoquer de nouveaux comportements et libérer de nouvelles énergies. Le frisson du danger vous rend-il plus léger, plus alerte, plus agile ?

3. Quelle est votre attitude face à l'hostilité ? Voudriez-vous ne pas avoir d'ennemis ? Voudriez-vous les supprimer ? Pour chaque personne qui s'oppose à vous d'une manière ou d'une autre, qui vous met en question ou vous tend des embûches, demandez-vous ce que vous apporte cette opposition. Si l'hostilité vous remplit de haine, pensez toujours en quoi votre ennemi peut vous enrichir et vous renforcer et essayez de ressentir de la gratitude.

4. Essayez délibérément de vous choisir des ennemis, exactement comme on choisit un adversaire au sport. Privilégiez les idées plutôt que les personnes, mais choisissez une personne pour incarner l'idée et pour répondre à vos attaques. Ne choisissez que des causes victorieuses et que vous êtes seul à combattre – ne tirez jamais sur des ambulances et par principe ne rejoignez jamais une foule lyncheuse.

L'éternité de l'éphémère

L'art vaut plus que la vérité

Aimer ses ennemis, c'est une manière d'embellir la réalité, une forme de délivrance de tout ce qui est laid et hostile. Le *grand style* que Nietzsche vante autant dans l'art que dans la vie est en même temps la suprématie d'une grande passion sur la guerre de nos pulsions et la transfiguration de la laideur de la réalité par la beauté de la forme. Nietzsche le résume en quelques mots :

> **❝** *Le grand style naît lorsque le beau emporte la victoire sur le monstrueux* **❞** (Humain, trop humain, *II, 2, 96).*

Quand nous sommes au théâtre ou au cinéma, nous trouvons l'infanticide de Médée ou le fratricide de Michael Corleone dans *Le Parrain II* non seulement plus intéressant ou instructif, mais aussi plus beau, plus profondément satisfaisant que les aventures de Heidi dans les pâturages fleuris des Alpes suisses. Ce qui nous enthousiasme n'est pas la monstruosité des actions représentées elle-même, mais la tension entre la beauté de la représentation et l'horreur de ce qui est montré. De même, la richesse d'une vie ne réside pas tant dans un bien-être sans accrocs que dans la manière dont nous faisons face aux pires tragédies.

Le pessimisme théorique n'exclut pas l'optimisme pratique

La philosophie de l'affirmation n'est donc pas un optimisme béat qui réfuterait le pessimisme. Le pessimisme de

Schopenhauer et son constat de la cruauté aveugle et absurde de l'existence constituent bien le point de départ de toute philosophie sérieuse. Cependant la *vérité* du pessimisme nous condamne-t-elle à en tirer des conséquences mortifères? N'est-il pas envisageable d'être heureux tout en étant pessimiste? Nous devons apprendre à distinguer notre appréhension *théorique* du monde et ce que notre *pratique* peut en faire. À propos de son premier livre, *La Naissance de la tragédie*, Nietzsche remarque:

> On voit que dans ce livre le pessimisme, ou plus précisément le nihilisme, vaut comme vérité. Mais la vérité ne vaut pas comme critère suprême de valeur, et encore moins comme puissance suprême. La volonté de l'apparence, de l'illusion, de la tromperie, de devenir et de changer (la tromperie objective) vaut ici comme quelque chose de plus profond, de plus originaire, de plus métaphysique que la volonté de vérité, de réalité, d'être — cette dernière n'est en elle-même qu'une forme de volonté pour l'illusion. [...]
>
> «De cette manière, ce livre est même anti-pessimiste: en ce sens qu'il enseigne quelque chose de plus fort que le pessimisme, quelque chose de plus "divin" que la vérité (Fragment posthume de 1888, 17 [3]).

Même quand la réalité est horrible, même quand la vérité est déprimante, voire désespérante, elle *n'est pas tout*. Il existe une activité humaine plus fondamentale que la connaissance, une valeur plus haute que la vérité. C'est la capacité humaine à inventer, à imaginer, à créer et à fabuler. Dans bien des cas, elle montre que le *mensonge* vaut plus que la vérité, puisqu'il peut nous donner l'envie de vivre plutôt que de nous laisser abattre.

Supporter la vérité est une question de force

Le mensonge peut être considéré comme une faiblesse, comme l'incapacité de regarder la réalité en face et une façon de se dérober à notre responsabilité. Et, en effet, les mensonges de l'idéalisme moral ou religieux, à savoir l'invention d'un monde supranaturel fictif, servent à nous consoler de notre inaptitude à affronter les souffrances inévitables de l'existence. En ce sens, notre attitude envers la vérité met notre force à l'épreuve.

> *Quelle quantité de vérité peut* supporter, *voire* oser *un esprit? tel a été, de plus en plus, pour moi le véritable critère de la valeur. L'erreur (la foi en l'idéal) n'est pas de l'aveuglement, l'erreur, c'est de la* lâcheté... *Toute conquête, tout pas en avant dans la connaissance* résulte *du courage, de la dureté envers soi, de la netteté envers soi* (Ecce Homo, *préface, 3*).

Être dans l'erreur ou dans la vérité n'est donc pas tant une question de méthode que de courage ou de lâcheté. La vérité fait *peur* et certains sont trop faibles pour l'admettre. Chercher la vérité suppose d'être impitoyable face à ses propres souhaits, à son besoin de certitudes et de consolations, alors que l'erreur relève toujours d'une forme de *fuite* devant l'insupportable. Dans d'autres textes, pourtant, Nietzsche semble dire exactement le contraire : ce qui est difficile et courageux ne serait pas de vivre dans la vérité, mais dans le mensonge, l'illusion et l'apparence.

> *... Le critère de la force est jusqu'à quel point nous sommes capables d'admettre le caractère* apparent *de la réalité, la nécessité du mensonge, sans nous effondrer* (Fragment posthume de 1887, 9 [41]).

Qu'est-ce qui est alors le plus ardu : accepter la vérité ou accepter le mensonge ? En réalité, nulle contradiction entre les deux : c'est la même force et le même courage qui sont nécessaires pour affronter la vérité et pour accepter le caractère inéluctable de l'illusion. C'est parce que la vérité est trouble, insaisissable et cruelle que l'homme n'a pas d'autre choix que de l'embellir et de la simplifier par des mensonges plus ou moins consolateurs, plus ou moins vivifiants.

Le mensonge est nécessaire à la vie

Cette impossibilité de vivre sans mensonge est l'un des aspects les plus terrifiants de la réalité humaine, que justement les âmes faibles ne veulent pas affronter. Nos croyances sont comme des bouées grâce auxquelles nous surnageons et ne nous noyons pas dans une vérité trop pénible. Avons-nous la force d'admettre que nous ne survivons que grâce à des mensonges ?

> 66 *Ici il n'y a pas d'opposition entre le monde vrai et le monde apparent : il n'y a qu'un seul monde, et il est faux, cruel, contradictoire, séducteur et dénué de sens. […]* Nous avons besoin du mensonge pour vaincre cette réalité, cette "vérité", c'est-à-dire, pour vivre… Que le mensonge soit nécessaire pour vivre appartient en lui-même à ce caractère terrifiant et problématique de l'existence… 99 (Fragment posthume de 1887-1888, *11* [415]).

Toutes nos croyances, toutes nos connaissances, tous nos systèmes de représentation sont dans une certaine mesure des mensonges. Nous ne pouvons faire autrement que de plier la réalité à nos exigences, de simplifier la complexité de nos perceptions afin qu'elles correspondent à des catégories facilement maniables. Le système perceptif, par exemple la vision, est un immense filtre qui ne retient que les informations utiles. Le langage réduit la multiplicité chatoyante des sensations à quelques mots tapageurs et interprète nos actions selon les schémas grossiers de la grammaire.

Tous les mensonges ne se valent pas

En analysant les différences entre la science, la religion et l'art, nous nous rendons compte qu'il existe des manières fondamentalement différentes de mentir : la simplification, l'inversion, la dénégation et l'embellissement. La science ment dans la mesure où elle ne s'intéresse qu'aux vérités générales et ignore la singularité des cas concrets. L'abstraction propre à la science est une forme de simplification abusive : les objets étudiés par la science, l'« homme », la « vie », la « température globale », la « matière », sont des fictions parce qu'il s'agit d'abstractions obtenues en généralisant des situations particulières. Néanmoins, ces fictions scientifiques gardent une certaine ressemblance avec la réalité, même si elles la schématisent. Ce n'est pas le cas des mensonges religieux, qui ne se contentent pas de simplifier la réalité, mais vont jusqu'à la nier en inventant un univers qui est l'opposé de tout ce qui existe : les religions appellent la mort « vie éternelle », le néant « Dieu », la faiblesse « vertu ». Elles nous apprennent que la réalité n'est qu'une illusion passagère, alors qu'un monde purement fictif serait la « vérité absolue ». Le mensonge religieux consiste donc dans une *inversion* systématique de la réalité.

Dans nos grands systèmes de représentation, l'art est peut-être le moins mensonger. Il ne nie pas la réalité comme la religion et ne la simplifie pas comme la science. Au contraire, il aiguise notre perception dans la mesure où il intensifie le vécu dans une forme qui, bien que fictive, est une répétition renforcée et embellie de la réalité. Alors que Dieu est la fiction de ce qui n'existe pas et ne saurait exister, la Médée d'Euripide est une fiction qui rehausse ce qui existe. La Médée littéraire est une femme trahie et meurtrière plus digne, plus émouvante, plus féroce aussi que les mères infanticides véritables. Au lieu d'une négation de la réalité, l'art nous en offre un concentré, plus intense, plus dense et donc plus vivant, plus réel que le réel.

La vérité est laide

L'humanisme européen a voulu nous persuader que la connaissance ouvre la porte au bonheur et à la liberté et que l'homme méchant est un ignorant qui serait vertueux s'il apprenait la vérité. Cependant ce projet est un échec : la connaissance, culturelle ou scientifique, ne nous rend pas meilleurs ni plus heureux. Pour Platon, le Beau n'était qu'une facette, l'expression sensible de l'idée du Bien et du Vrai, le premier pas de l'ascension vers les vérités éternelles. Mais Nietzsche remarque :

> *C'est indigne d'un philosophe de dire : le Bien et le Beau sont un : s'il ose encore ajouter "le Vrai aussi", on devrait le rouer de coups. La vérité est laide : nous avons l'art pour ne pas périr de la vérité* (Fragment posthume de 1888, *16 [40]*).

Voilà pourquoi « la vie serait une erreur sans musique ». La vérité n'est pas synonyme de *sens*. En elle-même, elle en est dénuée, elle est même absurde. C'est le constat légitime du nihilisme : dans la lutte de pouvoir qu'est la réalité à tous les niveaux – du combat entre virus et anticorps jusqu'à la course à l'armement nucléaire –, il n'y a pas de but prédéterminé qui permettrait à l'homme de s'orienter. D'un autre côté, l'homme produit sans cesse du sens. Il ne saurait s'en empêcher dès qu'il parle, fabule, bricole, imagine, rêve, désire. Si le sens est toujours affaire d'invention, et non de découverte, le mensonge, l'erreur et l'illusion sont constitutives de l'activité humaine. La vie n'a de signification que grâce à eux.

> *C'est cette* erreur *qui a rendu l'homme assez profond, subtil, ingénieux pour tirer de sa sève cette floraison d'art et de religion. La connaissance pure en eût été incapable. Qui nous dévoilerait l'essence du monde nous infligerait à tous la plus pénible désillusion. Ce n'est pas le monde comme chose en soi, mais le monde comme représentation (comme erreur) qui est si riche de sens, profond, prodigieux, si gros d'heur et de malheur* (Humain, trop humain, *I, 1, 29*).

Le monde est art

La création artistique est l'activité fondamentale non seulement de l'homme, mais de la nature tout entière. Le scientifique et le religieux créent un univers en joignant des lambeaux de réalité pour former un tout ordonné qu'ils jugent cohérent. L'amoureux transi donne un sens à sa vie en attribuant à sa dulcinée des traits merveilleux dont elle est en réalité dépourvue. Le paranoïaque recouvre de sens sa souffrance en s'imaginant un monde parallèle, fait de complots et de menaces.

La nature dans son ensemble peut aussi être vue comme une création infinie d'apparences trompeuses et séductrices. Il suffit de regarder la débauche de couleurs et de camouflages du règne animal et végétal : arcs-en-ciel des queues de paons, métamorphoses chromatiques des caméléons, multiplication des formes des corolles des orchidées... L'exorbitante beauté naturelle est toujours feinte, simulation et ruse, dans le but de conquérir ou de séduire. Nietzsche a raison de souligner que ce ne sont pas seulement nos croyances qui sont mensongères. La réalité elle-même est tissée de mensonges, de leurres et de faux-semblants. Que le monde soit en *devenir* signifie qu'il se révèle toujours autre qu'on le croyait et que l'instant présent est une illusion démentie par le suivant. Toutefois, au lieu de condamner cet aspect illusoire de la réalité comme le font les religions, Nietzsche y voit la preuve de son essence artistique. La nature est trompeuse, mais elle trompe en créant de la beauté. À son niveau le plus profond, métaphysique, le monde est art.

> **❝** *Jusqu'où l'art pénètre-t-il l'intérieur du monde ? Et y a-t-il, en dehors de l'artiste, d'autres puissances artistiques ? Comme on le sait, cette question était mon* point de départ : *et j'ai répondu oui à la seconde question, et à la première "le monde lui-même n'est rien d'autre qu'art"* **❞** (Fragment posthume de 1885, 2 [119]).

Par cette affirmation, Nietzsche répète sous une autre forme son énoncé principal : « La vie est volonté de puissance. » En effet, l'art est la forme la plus haute et la plus fondamentale de cette volonté. Exprimer sa puissance, c'est modeler, façonner, grossir et retrancher, concevoir et détruire pour recréer autrement.

L'ivresse de l'art est l'ivresse de la puissance

L'exercice de la puissance créatrice et la contemplation artistique sont accompagnées du même sentiment : l'*ivresse*. Celle-ci est un état où notre énergie intérieure déforme ce que nous percevons. Tout paraît plus coloré, plus intense, plus dense. Notre vitalité se projette sur les choses, qui gagnent ainsi une signification dont elles sont dénuées lorsque nous restons sobres. Nous connaissons tous cette ivresse – matrice de toute création – quand nous sommes *amoureux*.

> ❝ *Amour : Cherche-t-on plus étonnante preuve de l'étendue de la force transformatrice de l'ivresse ? L'"amour" est cette preuve, ce qu'on appelle amour dans tous les langues et mutismes du monde. L'ivresse y vient à bout de la réalité d'une manière que sa cause s'éteint dans la conscience de l'amant et quelque chose d'autre semble se trouver à sa place — un frémissement et un scintillement de tous les miroirs magiques de la Circé… […] L'amant a plus de valeur, il est plus fort. […] Son économie générale est plus riche que jamais, plus puissante, plus entière que chez celui qui n'aime pas. L'amant dilapide : il est assez riche pour cela. Maintenant il ose, devient aventurier, devient un âne de magnanimité et d'innocence, il croit à nouveau en Dieu, il croit en la vertu parce qu'il croit en l'amour ; et d'autre part ces idiots du bonheur se voient pousser des ailes et de nouvelles capacités, et une porte s'ouvre même pour l'art* ❞ (Fragment posthume de 1888, *14 [120]*).

L'amoureux transi est bien un « âne », car il est victime d'une illusion. Mais son illusion ne l'affaiblit pas. Bien au contraire, l'illusion amoureuse le rend plus fort, plus perspicace, plus créateur. L'*ivresse* est ce bouillonnement de puissance provoqué par des illusions qui stimulent notre vitalité.

Dionysos ou l'ivresse de la fusion avec le monde

Nietzsche distingue deux formes d'ivresse qu'il attribue aux dieux grecs *Apollon* et *Dionysos.* Ce dernier, le dieu du Vin, est celui de la première forme d'ivresse. Nous pouvons en avoir un aperçu avec l'ivresse bachique, alcoolisée, avec la sexualité, avec les mouvements de foules débridées comme lors d'un match de foot et avec l'extase induite par une musique rythmée. Le constat est d'abord celui d'un sentiment de perte d'identité. On se sent saisi par une force supérieure, abandonné à un torrent d'énergie diffuse et oublieux de son moi conscient. Le corps semble pris dans un tourbillon et se mélange aux autres. Cependant, en perdant ainsi le contrôle de soi, l'extatique dionysiaque est porteur d'une énergie plus grande, car il se rend compte de l'illusion de la personnalité individuelle. Il se vit soudain comme une partie du tout, un atome de force naturelle, une goutte d'eau dans une vague, une feuille dans une tempête. Il se peut que ce sentiment de perte de soi se révèle aussi jouissif que douloureux, car l'impression de fusion avec son entourage va quelquefois de pair avec une sensation de destruction de son identité et de son intégrité. L'intuition nietzschéenne de l'unité fondamentale du plaisir et de la douleur trouve sa preuve dans l'expérience de l'extase. Le dionysiaque ne sait plus s'il jouit ou s'il souffre. L'un suit nécessairement l'autre, plaisir et douleur sont des passages, des étapes dans un cycle régénérateur qui va de la création à la destruction et de la destruction à la création.

Rien ne l'illustre mieux que la musique. Dans celle-ci, en effet, la dissonance est source de plaisir. Elle est donc capable de rendre délicieux un cri de désespoir. En même temps, elle est l'art du mouvement, du rythme, du temps et du *devenir*. Elle nous enseigne de ce fait l'aspect fondamentalement transitoire de tout état, douleur comme plaisir. Il est important de noter que la musique est historiquement à l'origine de la *tragédie*, dont le protagoniste principal était au départ non pas le héros tragique, mais le chœur qui commentait les actions par ses chants. Voilà pourquoi nous aimons voir des tragédies et pourquoi nous aimons la musique : nous jouissons de notre peur et du malheur des autres, parce que, aujourd'hui encore, la transe musicale du chœur transcende la souffrance des personnages.

L'homme tragique, l'homme dionysiaque est ainsi un homme qui *jouit* de ce que la vie a de problématique et de terrifiant. Il reconnaît la souffrance, mais voit la souffrance comme un défi, un stimulant, une mise à l'épreuve de sa force. L'homme tragique est pessimiste, parce que sa vitalité excessive cherche littéralement à être *éprouvée*. Ce sont les personnes fragiles, au contraire, qui ont besoin de se consoler par l'optimisme.

> 66 *Mais il y a deux sortes d'êtres qui souffrent, d'une part ceux qui souffrent de la* surabondance de vie, *ils veulent un art dionysiaque et également une vision et une compréhension tragique de la vie — et ensuite ceux qui souffrent d'un* appauvrissement de la vie, *qui recherchent, au moyen de l'art et de la connaissance, le repos, le calme, la mer d'huile, ou alors l'ivresse, la convulsion, l'engourdissement, la démence* 99 (Le Gai Savoir, V, 370).

On peut souffrir de sa propre force, de l'énergie comprimée et frustrée qui ne trouve pas d'issue, comme on peut souffrir de sa faiblesse, d'une constitution fragile pour qui toute excitation est déjà une menace. La première souffrance a besoin d'une décharge, de défis, d'obstacles à vaincre, la seconde a besoin d'un cadre, d'une protection, d'un renfort.

Apollon ou l'ivresse du rêve

Il existe un deuxième type d'art et d'ivresse qui peut guérir de la violence de la transe dionysiaque : c'est l'art *apollinien*. Alors que Dionysos est le dieu de la profondeur trouble, Apollon est le dieu de la belle surface, transparente et lumineuse. Alors que Dionysos nous fait jouir de l'excès, de l'éclatement de toute forme et de toute mesure, Apollon nous apaise avec la retenue de formes pures et équilibrées. L'ivresse d'Apollon n'est pas celle de la transe, mais celle du *rêve* où même les choses étranges et terribles apparaissent dans la lueur séductrice de l'illusion et de l'imaginaire. La douleur et la terreur sont désamorcées par le sentiment de non-réalité propre à l'art et au rêve, par la lumière qui rachète les ombres, par l'esthétique de la forme qui sauve du grondement des abysses. Ici l'illusion du moi et l'intégrité de l'individu renaissent non plus comme un dogme, mais comme un jeu de formes. La mesure du poète, la proportion du sculpteur et la palette du peintre transforment en douceur le vécu rugueux des choses.

Devons-nous choisir une vie apollinienne plutôt que dionysiaque ? Dionysos et Apollon constituent plutôt les deux moments d'un processus, les deux pôles d'une seule et même dynamique. Si le « grand style est la victoire du beau sur le monstrueux », nous voyons que nous avons besoin de la forme sereine d'Apollon pour contenir l'énergie débridée de Dionysos. Si Apollon nous guérit des blessures de la violence dionysiaque, Dionysos à son tour nous guérit de l'aspect figé des formes apolliniennes qui pourraient nous paralyser.

Apollon et Dionysos sont les deux moments d'un cycle, celui de la destruction et de la création, de la dépense et de la récupération, de la transe et de la méditation, de la naissance et de la renaissance. Ce mouvement est le mouvement même du *devenir*. Nietzsche souligne qu'il n'y a pas de culpabilité, pas de responsabilité, pas de faute dans ce mouvement de création et de destruction, car il s'agit fondamentalement d'un *jeu* : jeu de l'enfant autant que de l'artiste. L'enfant détruit son château de sable avec la même innocence que lorsqu'il l'a construit. L'artiste prend plaisir à la tragédie comme à la comédie, à la souffrance comme à la joie. Dans son essence métaphysique, le devenir, c'est-à-dire la vie, est *innocent*. Le jeune Nietzsche commente ainsi l'*aeon*, l'éternité de Zeus, chez le philosophe présocratique Héraclite :

> **❝** *Devenir et périr, construire et détruire, sans la moindre comptabilité morale, dans une innocence éternellement identique, c'est ce qui distingue en ce monde le jeu de l'artiste et de l'enfant. Et de la même manière que jouent l'enfant et l'artiste joue le feu éternellement vivant, construisant et détruisant en toute innocence — et c'est avec lui-même que l'Aeon joue ce jeu* **❞** *(La Philosophie à l'époque tragique des Grecs, 7).*

Concevoir la vie comme le jeu d'un enfant

De la même manière que la beauté de l'art nous sauve de la laideur de la vérité, c'est en concevant la vie comme un *jeu* que nous pouvons supporter son aspect tragique. Dans un jeu, nous acceptons les défaites comme une donnée essentielle sans laquelle il ne vaudrait pas la peine d'être joué. Or le jeu n'est pas pour Nietzsche une simple stratégie humaine pour supporter l'ennui de l'existence. Il est le rythme même de l'univers, le mode d'échange et de transformation de tout ce qui existe. Regarder ces mouvements ludiques avec trop de sérieux, les figer dans une grille d'évaluation, les juger comme s'ils étaient immobiles, c'est alors les défigurer. En rigidifiant ce qui est fluide, on *enlaidit* les choses, on les caricature en niant leur vitalité.

> **❝** *Et tout grand sérieux — n'est-il pas en lui-même déjà une maladie ? Et le* premier *enlaidissement ? Le sens pour la laideur*

s'éveille au même moment où s'éveille le sérieux; on commence à déformer les choses quand on les prend au sérieux… 99 (Fragment posthume de 1888, *15 [18]*).

Nous savons à présent que la légèreté et l'agilité du danseur ne s'acquièrent qu'avec de fortes contraintes. Le danseur a besoin de chaînes et le funambule de dangers. Pour nous contraindre à être légers, nous avons besoin de supporter un poids très lourd. Car légèreté ne signifie pas dispersion, inattention, inconséquence. Quel sera alors ce poids qui nous *obligera* à vivre le plus légèrement possible, qui nous contraindra à jouer notre vie avec la plus grande concentration, quelle sera la *mise* grâce à laquelle nous ne regretterons aucun instant de ce jeu?

Questions *vitales*

1. Pensez aux pires moments de votre vie, aux souvenirs que vous voudriez pouvoir effacer à jamais. Avec le recul, pourtant, voudriez-vous encore que ces choses-là ne se soient jamais produites ? Ou les voyez-vous comme nécessaires, constitutives de votre personnalité, de votre histoire ? Pouvez-vous y voir une forme de beauté, un cachet, une coloration, une lumière particulière et irremplaçable, y compris dans le sordide, la souffrance, l'abandon, un peu comme une belle scène de film tragique ? Essayez de regarder votre vécu comme un artiste, capable de dégager la beauté des choses même les plus horribles.

2. Avez-vous peur de la vérité, préférez-vous *ne pas savoir*, plutôt que d'affronter des connaissances peut-être désagréables ou dangereuses ? Que se passerait-il alors si vous deviez affronter la vérité, de quelle manière vous changerait-elle, quelles

forces – ou quelles faiblesses – éveillerait-elle en vous ?

3. Est-ce que vous aimez vous complaire dans des illusions, voire des mensonges ? De quel type de mensonges s'agit-il alors ? De mensonges qui simplifient la réalité, en vous faisant voir les choses d'une manière catégorique et schématique ? De mensonges qui *nient* la réalité, vous faisant croire que les choses sont le contraire de ce qu'elles sont ? Ou de mensonges qui *embellissent* la réalité, qui exagèrent, affinent, subliment votre vécu et vos expériences ? Quel type de mensonges vous paraît préférable ?

4. Pouvez-vous vivre avec l'idée qu'il n'existe pas de vérité mais seulement des mensonges ? Qu'il n'y a pas à choisir entre vérité et mensonge, mais entre mensonges vivifiants et mensonges mortifères ? Ou avez-vous besoin d'une preuve de vérité pour pouvoir adhérer à une idée, ne pouvant vous contenter du constat des bienfaits de cette idée ? L'absence de vérité et l'omniprésence du mensonge vous dépriment-elles ou voyez-vous ce fait comme une promesse de liberté, la liberté d'inventer à votre guise vos propres croyances ?

5. Où sentez-vous la plus grande ivresse? Dans la dépense énergétique, l'intensité des sensations, qu'elles soient plaisantes ou douloureuses, dans l'impression de vous fondre dans une foule ou dans la nature? Ou est-ce dans la contemplation onirique, dans la paix qu'inspire la beauté de formes simples, dans le sentiment d'un ordre, d'une mesure intérieure? Vous saurez ainsi si vous êtes plutôt dionysiaque ou apollinien.

6. Êtes-vous capable de ne pas prendre au sérieux votre vie, mais de la concevoir comme un *jeu*? Ou comme une *expérimentation*? En quoi cela vous aide-t-il à digérer vos échecs, vos défauts, vos souffrances? Pourriez-vous en rire ou vous rendre compte que, sans défaite, tout jeu serait d'un ennui mortel?

Crier *bis* à sa vie

Quels que puissent être les critiques et les engagements sociaux d'un artiste, quel que soit son désir de changer la réalité par son activité, il aime tant la vie qu'il ne se contente pas de la vivre, mais cherche à l'éprouver une *seconde* fois à travers son œuvre. Il est prêt à *revivre* les pires épisodes de sa vie et les pires événements de l'histoire dans son art et à ainsi les éterniser par la création. Et nous, spectateurs, auditeurs et lecteurs, quand nous sommes bouleversés par un film, une chanson, un tableau, nous ne voulons qu'une chose : revoir ce film ou cette toile, réécouter cette chanson, tout recommencer depuis le début.

> *Nous voulons sans cesse revivre une œuvre d'art! C'est ainsi qu'on devrait façonner sa vie, de manière à avoir le même souhait devant chacune de ses parties. Voilà la pensée principale!* (Fragment posthume de 1881, *11 [165]*).

Le plaisir de la répétition

Pourrions-nous avoir la même attitude face à notre vie que face à une œuvre d'art ? Serions-nous prêts à revivre notre vie, y compris ses moments les plus pénibles et les plus ennuyeux ? Nous avons tendance à vouloir répéter nos plaisirs les plus intenses, revivre un ancien amour, revenir dans un lieu qui nous a marqués. Le désir de répétition est une forme supérieure d'affirmation, une manière de multiplier et d'approfondir le oui à la vie. En voulant répéter un acte, nous ne disons pas seulement oui une fois, mais une infinité de fois. Cependant pourrions-nous avoir cette attitude envers *toute* notre vie et pas seulement à l'égard de ses moments les plus agréables ?

Pourquoi aimons-nous répéter ? Dans le désir de répétition s'exprime une angoisse devant la fuite du temps qui semble priver les choses de toute consistance. Parce que les choses passent, nous avons l'impression qu'elles n'ont jamais existé et nous faisons tout alors pour les ressusciter. Cette insatisfaction née du caractère éphémère des choses exprime le *désir d'éternité* propre à chaque être humain. Si Nietzsche critique les religions et leur invention d'un arrière-monde surnaturel, il ne renie pas pour autant le désir d'éternité qu'elles prétendent satisfaire. Ce désir est plus profond que la peur de la mort, car il est une composante essentielle de *tout* désir. Dans sa « chanson ivre », *Zarathoustra* montre que c'est l'expérience du plaisir et de la joie elle-même qui nous pousse à le vouloir éternel.

> 66 *Ô, Homme, prends garde !*
> *Que dit le profond minuit ?*
> *Je donnais, je dormais —*
> *Je me suis éveillé d'un rêve profond :*
> *Le monde est profond,*
> *Et plus profond que ne le pensait le jour.*
> *Profonde est sa douleur.*
> *Et la joie — plus profonde encore que la peine du cœur.*
> *La douleur dit : péris !*
> *Cependant la joie veut l'éternité —*
> *— Elle veut une éternité profonde, profonde !* 99 (Ainsi parlait Zarathoustra, 4, « La chanson ivre »).

Nous voyons comment le christianisme a perverti ce désir d'éternité si profondément humain. Pour commencer, il voit la vie éternelle non pas comme un approfondissement de notre joie de vivre, mais comme un rachat de notre mal de vivre. C'est parce que le chrétien souffre de la vie qu'il en espère une meilleure après la mort. Les chrétiens sont ainsi invités à souffrir davantage afin de mériter leur ticket pour l'éternité, tout plaisir dans l'ici-bas étant une hypothèque sur le plaisir dans l'au-delà. L'éternité chrétienne n'est donc pas une célébration de l'éphémère et du devenir, mais une *revanche* sur l'aspect passager et fragile de la vie.

Il faut chercher l'éternité dans la vie

La croyance en la vie éternelle dévalorise ainsi le monde réel et notre vie présente. Le monde n'est qu'apparence passagère et la vraie vie se trouve ailleurs, chantent en chœur le chrétien, le musulman et le bouddhiste. Dès lors, la vie n'est plus qu'une épreuve, au mieux une école préparatoire, au pire un supplice, dans la plupart des cas un long moment absurde à passer avant de passer aux choses sérieuses. Face à cette éternité de l'au-delà, la vie de l'ici-bas ne vaut plus rien.

> 66 *Quand on déplace le centre de gravité de la vie* non pas *vers la vie, mais vers "l'au-delà"* — vers le néant —, *on a enlevé à la vie tout centre de gravité quel qu'il soit. Le grand mensonge de l'immortalité personnelle détruit toute raison, toute nature de l'instinct, — tout ce qui, dans les instincts, est bienfaisant, favorise la vie, garantit un avenir désormais suscite la méfiance. Vivre* de telle manière *que vivre n'ait plus de* sens, voilà *qui devient désormais le "sens" de la vie…* 99 (L'Antéchrist, 43).

Chateaubriand peut donc écrire : « Sans l'idée de vivre éternellement, néant partout. » Quand l'homme cesse de croire à l'au-delà, il devient nihiliste. La non-existence dans le néant compromet pour lui l'existence du monde. Mais même quand il croit à l'au-delà, la vie de l'ici-bas a perdu son poids, son acuité et son importance. La « vie éternelle » devient un prétexte pour ne pas vivre cette vie-là avec toute l'intensité requise. Or, pour féconder et renforcer cette dernière, nous devrions voir l'éternité à l'intérieur plutôt qu'à l'extérieur de l'existence.

> 66 *Imprimons l'image de l'éternité sur notre vie ! Cette pensée contient plus que toutes les religions, qui méprisent cette vie pour son*

caractère éphémère et ont enseigné à tourner son regard vers une autre vie indéterminée ❞ (Fragment posthume de 1881, *11 [159]*).

Pour remettre l'éternité *dans* la vie, un remède ou un contrepoison est nécessaire afin de soigner cette maladie humaine qui consiste à déprécier notre vie présente en faveur d'une vie meilleure hypothétique. Sur ce point aussi, les valeurs du christianisme doivent être renversées. Nous avons besoin d'une croyance qui détourne notre regard de l'au-delà pour le ramener vers la terre, vers l'instant que nous sommes en train de vivre et l'action que nous sommes en train d'accomplir. Dans un premier temps, cette croyance, qui est celle de l'éternel retour, est désespérante.

❝ *Le poids le plus lourd. — Et si un jour ou une nuit, un démon se glissait furtivement dans ta plus solitaire solitude et te disait : "Cette vie, telle que tu la vis et l'as vécue, il te faudra la vivre encore une fois et encore d'innombrables fois ; et elle ne comportera rien de nouveau, au contraire, chaque douleur et chaque plaisir et chaque pensée et soupir et tout ce qu'il y a dans ta vie d'indiciblement petit et grand doit pour toi revenir, et tout suivant la même succession et le même enchaînement — et également cette araignée et ce clair de lune entre les arbres, et également cet instant et moi-même. L'éternel sablier de l'existence est sans cesse renversé, et toi avec lui, poussière de poussière !" — Ne te jetterais-tu pas par terre en grinçant des dents et en maudissant le démon qui parla ainsi ? Ou bien as-tu déjà vécu un instant formidable où tu lui répondrais : "Tu es un Dieu et jamais je n'entendis rien de plus divin ?"* ❞ (Le Gai Savoir, *IV, 341*).

L'idée de devoir revivre une infinité de fois chaque instant de notre vie peut effectivement nous pousser au désespoir. Car il ne s'agit pas de prendre sa vie en bloc pour se demander si on veut la revivre, mais de concevoir à chaque moment de le revivre éternellement : les désagréments de toutes sortes, les embouteillages, les disputes, les accidents, les tragédies, les maladies et les deuils. L'éternel retour fait peur, parce qu'il signifie le retour de ce qui est douloureux, mais également parce qu'une répétition infinie de tout ce qui est monotone, ennuyeux, frustrant entraînerait encore plus de monotonie, d'ennui et de frustration : c'est bien le « même » qui doit revenir éternellement. Et Nietzsche frissonne de nausée à l'idée de voir l'éternel retour de sa mère castratrice et de sa sœur inculte et antisémite…

S'interdire toute échappatoire hors de la vie

C'est dans cet aspect écœurant et exaspérant que réside pourtant la vertu curative de la doctrine de l'éternel retour. Nous devons éprouver cette claustrophobie de l'existence pour comprendre qu'il n'existe aucune échappatoire à la vie, et donc aucune excuse pour ne pas la vivre pleinement. Face à une vie trop douloureuse, certains voient le suicide comme un recours ultime, une sortie de secours dont la simple idée permet d'alléger le sentiment oppressant de la vie. La doctrine de l'éternel retour ne nous laisse même pas cette issue : nous aurions alors à revivre notre suicide aussi, une infinité de fois, avec son sentiment d'échec, de lâcheté, d'abandon. L'éternel retour fonctionne comme un épouvantail et comme un aiguillon. Il nous contraint à assumer notre vie et à en transformer chaque instant de manière à vouloir sa répétition infinie. Car si c'est bien la *même* vie qui reviendra éternellement, la crainte de cette idée nous force à vivre une vie *différente*. Nietzsche fait le pari que l'idée de l'éternel retour est capable de nous changer en profondeur.

> 66 *Mais si tout est nécessaire, que puis-je disposer de mes actes ? La pensée et la croyance sont des poids qui pèsent sur toi à côté de tous les autres poids, et plus qu'eux. Tu dis que la nourriture, l'endroit, l'air, la société te transforment et te déterminent ? Eh bien, tes opinions le font encore davantage, car elles te déterminent envers cette nourriture, cet endroit, cet air, cette société. — Si tu t'incorpores la pensée des pensées, elle te transformera. La question à propos de*

tout ce que tu veux faire : "Est-ce ainsi que je veux le faire d'innom-brables fois ?" est le poids le plus lourd **99** (Fragment posthume de 1881, *11 [143]*).

L'idée semble paradoxale : si ma vie n'est qu'une énième répétition de ce que je ferais de toute éternité, comment pour-rais-je la changer ? Si c'est le *même* qui doit revenir, comment cette perspective pourrait-elle me rendre *différent* ? Nietzsche répond que, comme toute idée, la pensée de l'éternel retour a le pouvoir de me changer. On oublie trop souvent que, dans un univers où tout est déterminé par une cause, nos idées ne sont pas impuissantes, parce qu'elles aussi font partie des causes qui nous déterminent. Certes, le simple fait de se *repré-senter* l'éternel retour n'est pas suffisant. Il faut encore pouvoir se l'*incorporer*, l'éprouver et le vivre dans sa chair.

L'idée de l'éternel retour joue le rôle d'un *couperet*, d'un *scalpel* et d'un *fouet*. Elle est un couperet, car elle élimine d'of-fice la possibilité d'une vie malheureuse et ratée : personne ne voudrait répéter infiniment une telle vie. Ainsi, quand Nietzsche dit que « les faibles et les ratés doivent périr », il pense à l'éternel retour comme arme d'élimination des faibles, mais pas au sens physique du terme. Selon lui, la simple idée de l'infinie répétition de notre vie ratée nous *contraint* de nous renforcer, de renoncer à la rancune et au ressentiment, de faire périr en *nous-mêmes* notre faiblesse par simple instinct de survie. Pour ne pas être écrasés par le poids de cette pers-pective, nous n'avons d'autre choix que de tuer notre propre défaillance.

Multiplier la mise sur sa vie

L'idée de l'éternel retour est ensuite un scalpel. Elle éli-mine méticuleusement tous les actes que nous accomplissons sans véritablement les vouloir. Il en va ainsi des *demi-vouloirs*, des désirs hypocrites ou conformistes, des actions dont on s'acquitte par simple confort ou par lâcheté, de toutes ces choses qu'on fait *faute de mieux* ou *en attendant*. Il en va de même de ce qu'on ne se permet que parce qu'on croit qu'il s'agit d'une *dernière fois* : la dernière cigarette, le dernier verre, la dernière fois que je supporte tel ou tel désagrément sans rechigner ou que je me permets telle ou telle lâcheté. L'éternel retour nous enseigne qu'il n'y a *jamais* de dernière fois, que chaque acte singulier, si insignifiant et passager qu'il soit, reviendra infiniment. Une telle idée m'interdit désormais tout ce que j'admettais ou que je tolérais jusque-là en attendant un avenir meilleur, puisque c'est l'instant présent lui-même qui est mon avenir. La doctrine de l'éternel retour retient ainsi de la morale religieuse la notion d'une punition ou d'une récompense pour la valeur de nos actes. Toutefois cette sanction ne se trouve pas dans un au-delà ou un tribunal extérieur. C'est mon acte lui-même qui est sa propre récompense ou sa propre punition dans la mesure où il est amplifié infiniment par l'idée de sa répétition éternelle. L'éternel retour ne me laisse ainsi d'autre choix que de faire ce que j'aime ou d'aimer ce que je fais. Il nous oblige à dire, comme Zarathoustra :

> *Fondamentalement, je n'aime que la vie, — et en vérité, surtout quand je la hais !* (Ainsi parlait Zarathoustra, II, « Le chant de la danse »).

Enfin, l'idée de l'éternel retour agit comme un fouet qui nous oblige à être créatifs. Si la vie nous paraît insensée, nous n'avons plus le choix de croire en un arrière-monde, ni de fuir l'absurde par la mort volontaire. Nous avons le devoir de donner un sens à cette vie, parce que son absence de but et sa répétition mécanique et aveugle la rendent encore plus insignifiante. Nous sommes contraints de vivre comme des artistes en peaufinant notre existence comme un joaillier, en la remettant mille fois sur le métier, en la perfectionnant, en l'embellissant et en la rendant plus intense et plus enivrante.

L'éternel retour du même ne peut donc aller sans la création du nouveau. Comme nous ne saurions souffrir l'éternelle répétition d'une vie monotone, nous devons apprendre à créer une vie riche avant même de songer à la vivre de nouveau. Une fois cette idée bien ancrée, nous serons contraints d'inventer des variations à notre existence : on écrit autrement une pièce de théâtre qui sera vue des centaines de fois qu'une pièce qu'on jettera à la poubelle tout de suite.

Ne plus avoir ni remords ni regrets

Avec la perspective que propose Nietzsche, nous sommes également obligés de jeter un autre regard sur le passé. En voulant le retour du présent, nous devons aussi vouloir le retour des jours lointains, puisque notre passé *est* notre avenir. L'idée de l'éternel retour nous guérit alors de cette ultime forme de ressentiment et d'impuissance que Nietzsche appelle l'*esprit de vengeance*. Même si nous sommes capables de créer notre présent et de façonner notre avenir, nous restons prisonniers de notre passé, sur lequel la volonté n'a pas de prise. Que ce soient le regret, le remords, les mauvaises décisions, les occasions ratées, la douleur des souvenirs pénibles ou la nostalgie des moments heureux, notre passé nous rappelle l'impuissance de notre volonté. Certains se lamentent sur les choix qu'ils ont faits ou n'ont pas faits et cherchent un coupable : l'irréversibilité du temps, l'impossibilité de corriger les erreurs anciennes. Toute vengeance veut revenir en arrière et effacer le tableau, toute nostalgie cherche à lui rendre vie. L'idée de l'éternel retour nous guérit de cette maladie. Si nous devons revivre à l'infini les événements du passé, nous devons en faire notre volonté, pleinement assumer nos actes, et il n'y aura plus de place ni pour le remords ni pour le regret.

> 66 *Ainsi la volonté, ce libérateur, s'est mise à faire mal : et elle se venge sur tout ce qui peut souffrir de ce qu'elle ne peut revenir en arrière.*
>
> *« Ceci, oui, ceci seul est la vengeance même : le ressentiment par lequel la volonté en veut au temps et à son "c'était". […]*
>
> *Tout "c'était" est un fragment, une énigme, un horrible hasard, — jusqu'à ce que la volonté créatrice dise à ce propos : "Mais je l'ai voulu ainsi !"* 99 (Ainsi parlait Zarathoustra, II, « De la rédemption »).

Se réconcilier avec le passage du temps

L'idée de l'éternel retour nous réconcilie avec le temps. La métaphysique et la religion opposaient le temps et l'éternité, en voyant le *devenir* — ce qui est passager, éphémère, changeant — et l'*être* comme des contraires. Mais le temps *est* éternel dans la mesure où il est circulaire. Et l'être du devenir consiste dans le fait de *revenir*. Même si le monde n'était qu'une gigantesque loterie, nous serions pourtant assurés qu'un jour les mêmes boules tomberaient dans la même séquence. Si le devenir n'a ni but ni fin, si nous ne nous acheminons ni vers un paradis ni vers une apocalypse, les simples règles de la probabilité aléatoire veulent que tout ce qui se produit se reproduise un jour.

Si nous réussissons à incorporer cette idée et à agir en conséquence, alors nous atteignons le plus haut stade de la volonté de puissance : « Marquer le devenir du caractère de l'être – voici la suprême volonté de puissance » (*Fragment posthume de 1886-1887*, 7 {54}). Sommes-nous assez forts pour cela ? Sommes-nous assez amoureux de la vie et assez *insatiables* pour demander une nouvelle part de souffrance et de joie, de blessures et de plaisirs, de surprises et de déceptions, d'errances et de trouvailles ? Tel serait le nouvel être humain, celui qui aurait traversé les épreuves du pessimisme et du nihilisme pour aller à la rencontre d'une nouvelle aurore.

> ❝ *Qui comme moi [...] s'est longuement efforcé de penser le pessimisme en profondeur [...] aura peut-être [...] ouvert les yeux pour l'idéal inverse: sur l'idéal de l'homme le plus exubérant, le plus débordant de vie, celui qui dit le plus grand oui au monde, qui ne s'est pas simplement résigné à ce qui fut et est, mais tout au contraire veut l'avoir de nouveau, tel que cela fut et est, pour toute éternité, criant insatiablement* da capo... ❞ *(Par-delà bien et mal, III, 56).*

Philo-action

1. Il y a certainement des activités dans votre vie que vous aimez répéter régulièrement. Quel intérêt trouvez-vous dans leur répétition ? Il y en a certainement d'autres que vous n'aimez pas répéter, mais que votre vie vous contraint d'accomplir régulièrement. Comment pourriez-vous changer ces activités pour que vous les répétiez avec plaisir ? Cela dépend-il seulement de votre attitude ou aussi de votre manière de les effectuer ?

2. Si votre vie devait se répéter éternellement comme le prévoit la doctrine de l'éternel retour, qu'y changeriez-vous ? Y a-t-il des choses que vous ne feriez plus parce que vous ne supporteriez pas leur répétition, et d'autres, au contraire, que vous perfectionneriez ? Commencez dès à présent à vous imprégner de cette idée, en vous demandant à chaque instant que vous vivez : « Voudrais-je revivre cet instant une infinité de fois ? » Comment cette idée vous change-t-elle, comment change-t-elle vos décisions et vos comportements ?

3. Y a-t-il beaucoup d'actions et de gestes dans votre quotidien que vous accomplissez sans vraiment les vouloir, ce que Nietzsche appelle des demi-vouloirs ? Ou existe-t-il des choses que vous faites en vous disant que c'est « juste la dernière fois » ? L'idée que votre vie se répétera infiniment vous aide-t-elle à complètement arrêter de les faire ou à comprendre qu'en réalité vous *voulez* les accomplir et que vous y prenez plaisir ?

Être un arc tendu vers l'avenir

Vivre de telle manière qu'on veuille toujours repasser par chaque instant semble une tâche titanesque, surhumaine. Il faudrait être infaillible pour que nos actes et nos décisions aient la sûreté et la perfection dignes de cette répétition infinie. Ou alors il faudrait être insensible à la souffrance et à l'ennui pour supporter de les éprouver pour l'éternité. Peut-être faut-il se résoudre à accepter la faiblesse humaine, qui a besoin d'excuses pour ses échecs, qui cherche toujours à se dégager de la responsabilité de son mal-être et à s'inventer des échappatoires. Le ressentiment et la mauvaise conscience font-ils inexorablement partie de la nature humaine ? Notre inadéquation à la réalité serait alors constitutive de notre personnalité, de sorte que nous nous sentirions nécessairement coupables quand nous jouissons de la vie et chercherions nécessairement des boucs émissaires quand nous n'en jouissons pas ? L'idée de l'éternel retour nous interdit ces excuses et nous oblige à assumer pleinement notre puissance comme notre impuissance. Est-ce trop demander ? Nietzsche se pose lui-même la question. Dans un moment de doute, il écrit dans son carnet :

> **66** *Je ne veux pas que ma vie se* répète. *Comment l'ai-je supportée ? En créant. Qu'est-ce qui me fait supporter son aspect ? Le regard vers le surhomme qui* affirme *la vie. J'ai essayé de l'affirmer* moi-même — *Hélas !* **99** (Fragment posthume de 1882-1883, 4 [81]).

Nietzsche admet donc qu'il n'est pas lui-même capable de supporter l'idée de l'éternel retour, qu'il ne veut pas que sa vie se répète, parce qu'il ne réussit pas à en affirmer tous les aspects. De même, nous sommes peut-être encore trop trempés dans le nihilisme, trop marqués par la religion et par la morale, pour pleinement dire oui à la vie. Il est possible que nous ne soyons pas encore prêts à endurer l'épreuve de l'éternel retour. Cependant nous pouvons concevoir ce que serait une humanité qui en serait capable : c'est ce que Nietzsche appelle le type *surhumain*, ou le *surhomme*.

L'homme pleinement réalisé et réaliste

Qu'est-ce qui caractérise le *surhumain* ? Est-ce une force extraordinaire, une vocation à diriger ou à dominer, le génie artistique, une intelligence hors du commun ? L'idée du surhumain est en réalité beaucoup plus simple : c'est celui qui, seul, est capable de supporter l'épreuve de l'éternel retour, parce qu'il est le seul à pleinement accepter la réalité, la sienne comme celle qui l'entoure.

> **❝** *L'espèce d'homme que [Zarathoustra] conçoit, conçoit la réalité comme elle est* : *elle est assez forte pour cela —, elle ne lui reste pas étrangère ni éloignée d'elle, elle est* cette réalité même, *elle contient elle aussi en soi tout ce qu'a cette réalité d'effroyable et de douteux,* car c'est par là que l'homme peut avoir de la grandeur **❞** (Ecce Homo, *« Pourquoi je suis un destin »*, 6).

Être mécontent de soi et de sa vie, aspirer à un idéal qui contredit la réalité, vouloir se dépasser et devenir autre qu'on est sont des faiblesses typiques de l'être humain. L'homme qui assumerait pleinement sa réalité serait-il encore un homme ? Toutefois le simple désir d'une *autre* humanité, plus forte, plus réaliste, n'est-ce pas aussi manifester son mécontentement face à l'homme *tel qu'il est en réalité* et aspirer à un idéal qui nie notre réalité humaine, trop humaine ? Dès lors, l'esquisse du surhomme ne serait-elle pas une expression d'un *ressentiment* face à la médiocrité de l'homme *réel* ? L'invocation même du surhomme ne contredit-elle pas les valeurs que Nietzsche proclame comme lui appartenant ?

Se dépasser et non pas se fuir

C'est oublier que le désir de se surpasser ou de se *surmonter* est une caractéristique fondamentale non seulement de l'homme mais de la vie en général. Toute puissance vise à aller au-delà de sa puissance.

> 66 *Et la vie elle-même m'a dit ce secret: "Vois, dit-elle, je suis ce qui doit toujours se surmonter soi-même"* 99 (Ainsi parlait Zarathoustra, II, « Du surpassement de soi »).

Il est naturel que l'être humain vise à se dépasser. Mais l'homme occidental a compris ce dépassement comme une fuite hors de soi, comme une négation de la réalité. Pour l'*idéal ascétique*, se surmonter signifiait surmonter ses instincts pour développer exclusivement sa raison, détruire le corps pour glorifier l'esprit. L'homme s'est divisé en deux et, en voulant être Dieu, il a choisi de se combattre lui-même.

> 66 *Je considère toutes les manières de penser métaphysiques et religieuses comme la conséquence de l'insatisfaction*, chez l'homme, *d'une pulsion qui l'attire vers un avenir plus haut, surhumain — sauf que les hommes ont voulu se fuir eux-mêmes dans l'au-delà, au lieu de construire cet avenir.* Un malentendu des natures supérieures qui souffrent de la laideur de l'homme 99 (Fragment posthume de 1884, 27 [74]).

Pour Nietzsche, l'enjeu consiste à montrer que l'homme peut se dépasser non pas en fuyant sa réalité, mais en se rendant encore *plus* réel. Il peut se surmonter non pas en *niant* sa nature, mais en l'affirmant davantage. Au lieu d'aspirer à être Dieu, il doit aspirer à être pleinement humain.

L'exemple des grands hommes du passé

De tels hommes complets, épanouis, réels, l'histoire en a montré quelques exemples. Nietzsche cite César, Napoléon, mais avant tout des artistes, Shakespeare, et surtout le poète, homme politique et scientifique allemand Goethe. Goethe est le modèle de l'homme esquissé par Nietzsche : il est d'autant plus riche qu'il sait maîtriser de grandes contradictions, il affirme la vie dans sa totalité, réunissant une forte nature et le raffinement de l'art.

> 66 *Goethe conçut un homme fort, hautement cultivé, doué pour toutes les activités impliquant le corps, se tenant en bride, ayant du respect pour lui-même, qui peut risquer de s'accorder toute l'étendue et la richesse de la naturalité, qui est assez fort pour cette liberté ; l'homme de la tolérance, non par faiblesse mais par force, parce qu'il sait utiliser à son avantage ce qui ferait périr la nature moyenne ; l'homme à qui rien n'est plus interdit si ce n'est la faiblesse, qu'elle s'appelle vice ou vertu... Un tel esprit devenu libre se tient au beau milieu du tout avec un fatalisme joyeux et confiant, plein de la croyance que seul est condamnable ce qui est séparé, que dans la totalité tout est sauvé et affirmé — il ne nie plus... Mais une telle croyance est la plus haute de toutes les croyances possibles, je l'ai baptisée du nom de* Dionysos[1] 99 *(Le Crépuscule des idoles, «Incursions d'un inactuel», 49).*

Dans l'histoire de l'humanité, des hommes comme Goethe ont néanmoins été des exceptions. À vrai dire, ils ont été des *accidents de parcours*, des *monstres* en quelque sorte, des *anomalies*, tant notre culture, notre éducation, notre morale visaient à produire un type d'homme contraire : servile, honteux de ce qu'il est, suspicieux du bonheur d'autrui, intolérant parce

---

1. Tout Nietzsche est résumé dans cet extrait. Le passage sur la totalité qui rachète toute chose, qui n'est condamnable que vue isolément, montre sa grande dette envers Spinoza, influence majeure et revendiquée de Goethe.

qu'il n'est pas sûr de lui-même. Est-il alors possible de transformer notre culture afin qu'elle favorise la venue de tels individus ? Quel est le sol, l'humus, le climat, qui fait pousser de telles créatures ?

Construire la demeure de l'homme futur

C'est sur ce point que l'idée du surhomme prend tout son sens pour notre propre vie. Car même si nous ne réussissons pas encore à complètement affirmer notre réalité et à endurer l'épreuve de l'éternel retour, nous pouvons œuvrer à ce que cela soit un jour possible. Nietzsche écrit bien qu'il a supporté la vie « en créant » et « en tournant son regard vers le surhomme ». Les deux vont nécessairement de pair. C'est en fabriquant du neuf qu'on prépare la venue de nouveaux hommes et c'est l'espoir de cette nouvelle humanité qui nous assure que notre travail de création n'a pas été vain. En ce sens, nous sommes des êtres de transition, des passages, des ponts, des cordes tendues à travers un abîme, celui qui sépare l'animal du surhomme.

> 66 *Ce qui est grand dans l'homme c'est qu'il est un pont et non pas un but : ce qu'on peut aimer dans l'homme, c'est qu'il est une transition et qu'il est un déclin.*
>
> *« J'aime ceux qui ne savent vivre, à moins qu'ils ne vivent dans le déclin et le franchissement.*
>
> *« J'aime ceux qui sont pleins d'un grand mépris, car ce sont eux qui vénèrent et qu'ils sont des flèches de désir d'aller vers l'autre rive.*
>
> *« J'aime ceux qui ne vont pas tout d'abord chercher par-delà les étoiles une raison pour décliner et être des victimes ; mais ceux qui se sacrifient à la terre, afin que la terre soit un jour celle du surhumain.*
>
> *« J'aime celui qui vit afin de connaître et celui qui veut connaître afin qu'un jour vive le surhumain. Ainsi il veut son déclin.*
>
> *« J'aime celui qui travaille et invente afin de bâtir la demeure du surhumain et préparer pour lui la terre, bête et plante : car ainsi il veut son déclin* 99 (Ainsi parlait Zarathoustra, *prologue, 4).*

De même que nous nous appuyons sur l'héritage des générations précédentes, nos efforts ne porteront pas nécessairement tous leurs fruits durant notre vie. Nous engrangeons l'énergie qui profitera à d'autres plus tard. Voilà pourquoi nous devons aller *à notre perte*. Voilà pourquoi il nous revient d'aller au bout de ce que nous pouvons, de nous épuiser et peut-être d'échouer dans notre tâche, sachant que notre défaite sera l'humus d'une réussite future.

L'amour du lointain, et non pas du prochain

C'est la raison pour laquelle Nietzsche critique autant l'égoïsme que l'altruisme. L'ego est une illusion, parce que chaque individu n'est qu'une étape de transition dans l'évolution de l'humanité, un « bourgeon sur un rameau d'arbre ». L'amour du prochain n'est pas la véritable alternative à l'égoïsme, car il vise toujours la satisfaction mesquine d'un ego borné. Nietzsche préfère la notion d'un « amour du lointain ». Ce n'est pas en faveur de son voisin de rue qu'il faut agir, mais des possibilités encore inexplorées de l'humanité, qui écloront un jour grâce à nos efforts présents.

Cet amour du lointain et cette admiration pour une grandeur humaine à venir sont le signe d'une *nouvelle aristocratie* que Nietzsche appelle de ses vœux. L'aristocratie telle que nous la connaissons est une usurpation, puisqu'elle tire sa noblesse d'une grandeur humaine *passée*. Mais une véritable aristocratie sera tournée vers l'*avenir*, elle tirera sa noblesse de ses descendants, des nouvelles formes de vie qu'elle rendra possibles.

> 66 *Ô mes frères, ce n'est pas en arrière que votre noblesse doit regarder, mais* au loin*! Vous devez être des bannis de tous les pays de vos pères et de vos ancêtres!*

> *« C'est le* pays de vos enfants *que vous devez aimer : que cet amour soit votre nouvelle noblesse — ce pays encore à découvrir dans la mer la plus lointaine* 99 (Ainsi parlait Zarathoustra, *III, « Des vieilles et des nouvelles tables », 12).*

Que faire cependant si nous ne sommes pas faits de l'étoffe du surhomme, ni même de celle de ses ancêtres ? Si nous sommes dénués de cette ambition, de ce « désir de l'autre rive », serons-nous les valets de cette nouvelle aristocratie, les esclaves de ces nouveaux maîtres ?

Pouvons-nous tous être des surhommes ?

Nous voudrions certes que tout un chacun puisse réaliser une vie absolument singulière, exceptionnelle, se dépasser et devenir un « surhomme » à sa manière. Néanmoins une telle société ne semble pas possible dans la mesure où il faut nécessairement des individus pour effectuer des tâches répétitives, procédurières, bureaucratiques et stéréotypées. Une analyse plus profonde montre que beaucoup de gens *ne veulent pas être* exceptionnels, singuliers, créateurs. Beaucoup ne tiennent pas à se poser des questions, à connaître le frisson du danger, physique ou intellectuel, mais préfèrent le confort d'idées arrêtées et consolatrices. Au lieu d'avoir des responsabilités, d'être seuls face à leurs décisions, ils optent délibérément pour la soumission à un cadre, une fonction, une hiérarchie, *une morale.* Faut-il leur en vouloir ? Faut-il à tout prix vouloir les changer ? Une grande partie de la philosophie de Nietzsche peut être vue comme une guerre contre la médiocrité et contre une morale qui n'a d'autre but que de la promouvoir en étouffant toute tentative de sortir du rang. Ainsi Nietzsche écrit-il en 1886 :

> 66 *Seuls les médiocres ont une perspective de perpétuation et de propagation — ce sont les hommes de l'avenir, les seuls qui survivront : "soyez comme eux ! Faites-vous médiocres !" Voilà aujourd'hui*

> *la seule morale qui ait encore du sens, qui trouve encore des oreilles* 99 (Par-delà bien et mal, *IX, 262*).

Nietzsche soutiendra, en effet, qu'il faut non pas défendre les faibles contre les forts, mais les forts contre les faibles qui, par leur surnombre, auront toujours raison des forts. Darwin a tort, continue-t-il. Ce ne sont pas les forts qui survivent et se reproduisent, ce sont les faibles et les médiocres. Quelques années plus tard, à la fin de sa vie philosophique, Nietzsche semble avoir changé de position. Comme souvent, il se rend compte de ses excès, dans un de ces mouvements de balancier typiques de sa philosophie, signe de ce qu'il appelle la *probité* intellectuelle, l'honnêteté qui exige qu'on remette sans cesse en question ses positions. Il écrit donc en 1888 :

> 66 *Il serait parfaitement indigne d'un esprit plus profond de voir d'emblée une objection dans la médiocrité en soi. Elle est même la nécessité* première *pour qu'il puisse y avoir des exceptions : elle rend possible une haute culture. Quand l'homme d'exception manie justement les médiocres avec un doigté plus délicat que lui-même et ses semblables, ce n'est pas seulement politesse du cœur, — c'est tout simplement son* devoir 99 (L'Antéchrist, *57*).

C'est le lieu de notre bonheur qui décide

On voit donc que, même dans une société hiérarchique, pyramidale et inégalitaire comme la prône Nietzsche, il peut exister une forme d'égalité. Ce n'est pas l'égalité des conditions ou des responsabilités, mais l'égalité des égards dus à tous, l'égalité du bien-être que tout un chacun peut revendiquer. Si la médiocrité n'est pas un défaut ou une tare, elle n'est pas une fatalité malheureuse. Elle est un *choix*. Par conséquent, Nietzsche ne défend pas l'idée de l'égalité des droits. Car la médiocrité, soutient-il, est un privilège, puisqu'elle comporte des avantages, des facilités et des récompenses qui sont hors d'atteinte pour les hommes d'exception. La question fondamentale qui décide de la hiérarchie et de notre place dans la société, c'est de savoir *où* l'on trouve son bonheur et *de quoi* dépend notre épanouissement.

> 66 *Pour être d'utilité publique, pour être un rouage, une fonction, il faut y être destiné par la nature : ce n'est pas la société, mais l'espèce de bonheur dont le grand nombre est capable qui fait d'eux des machines intelligentes. Pour le médiocre, être médiocre est un bonheur : la maîtrise en un seul domaine, la spécialisation est pour lui un instinct naturel* 99 (L'Antéchrist, 57).

Où se situe notre bonheur ? Est-ce dans le refus d'un bonheur facile, dans la victoire sur la souffrance et le goût du danger, dans l'affrontement avec l'incertitude et l'absurdité de l'existence ? Ou est-ce dans un bien-être cossu, dans le confort de croyances rassurantes, dans l'habitude d'une activité bien connue et le sentiment d'être utile ? Est-ce dans le risque de l'avenir ou dans la sécurité du présent ? Voulons-nous nous abîmer dans la quête de l'excellence ou nous conserver dans le bocal de la médiocrité ? Aspirons-nous à être des surhommes ou nous contentons-nous d'être les *derniers hommes* ou quelque étape intermédiaire entre les deux ? S'il se trouve, c'est de notre ambition démesurée et de notre exigence inhumaine que nous devons guérir aussi.

Arrivés à ce point, Nietzsche ne nous est plus utile, même s'il a le mérite de nous laisser le choix. Nous devons maintenant écouter ce qu'il nous a demandé dans l'épigraphe de ce livre. Il est temps de perdre Nietzsche et de *se* trouver *soi-même*.

Éléments d'une vie

Et le père et les deux grands-pères de Friedrich Nietzsche, né le 15 octobre 1844 dans le petit bourg de Röcken (Saxe), étaient des pasteurs protestants. C'est dire s'il connaît par cœur la partition chrétienne avant de déclarer la « guerre au christianisme ». Il gardera cependant toujours un souvenir ému et nostalgique de son père, devenu dément suite à une chute, quand Nietzsche n'a que quatre ans, avant de mourir un an plus tard. Après la mort précoce de son frère cadet, Nietzsche grandit dans un environnement exclusivement féminin : sa sœur Elisabeth, ses mère et grand-mère, et deux tantes célibataires. Au prestigieux pensionnat de Pforta, l'adolescent Nietzsche se fait remarquer par un essai sur le poète visionnaire Hölderlin, mort lui aussi après des années de démence. On lui conseille de s'intéresser à des poètes « plus sains, plus propres et plus *allemands* », presque un siècle avant que son génie soit enfin reconnu par tous.

À l'université, Nietzsche troque rapidement son cursus de théologie pour des études de philologie : la philosophie nietzschéenne reste redevable de cet art du déchiffrement de textes anciens et des langues perdues tant Nietzsche conçoit la réalité comme une *interprétation* et s'attelle à décrypter le sens affectif et physiologique des symptômes religieux, métaphysiques, moraux et artistiques. C'est à cette époque aussi qu'il découvre par hasard, chez un bouquiniste, le grand livre d'Arthur Schopenhauer, *Le Monde comme volonté et comme représentation*, dont il lit le millier de pages d'une seule traite. Si toute la philosophie de Nietzsche peut être vue comme une tentative de réfuter le pessimisme de Schopenhauer, il reste cependant fidèle à son maître, dans la mesure où sa philosophie d'une affirmation joyeuse du tragique de l'existence présuppose pourtant le constat pessimiste théorique, et non pas pratique, de Schopenhauer.

C'est dans la fleur de l'âge, à vingt-quatre ans, que Nietzsche publie son premier livre, *La Naissance de la tragédie à partir de l'esprit de la musique*. Ce livre – dans lequel on trouve déjà les principales positions et problématiques qui accompagneront toute son œuvre – fait sensation au point qu'on lui offre aussitôt un poste de professeur à l'université de Bâle avant même qu'il ait soutenu sa thèse. Il témoigne aussi de l'influence de Richard Wagner – dont Nietzsche découvre, enthousiaste, la partition de piano de l'opéra *Tristan et Isolde*, avant de rencontrer le maître en personne dans sa maison de Tribschen, non loin de Bâle. Nietzsche réalise qu'il existe de véritables génies en cette fin de XIXe siècle. Il trouve aussi, en la personne de Wagner, un père de substitution et, en celle de son épouse Cosima, fille de Franz Liszt, l'exemple d'une femme sophistiquée et cosmopolite.

Mais tout change lorsque Wagner s'intronise Dieu vivant dans son temple de Bayreuth. Wagner fait marche arrière en retournant au christianisme, laissant libre cours à son antisémitisme virulent. Nietzsche écrit dans *Ecce Homo* que ce qu'il n'a jamais pardonné à Wagner, c'est d'être devenu un « nationaliste de l'Empire allemand », alors que justement il incarnait pour lui tout ce qui était anti-allemand, l'exotisme voluptueux qu'il qualifiait de « hachisch » musical et moral.

En 1879, ses graves problèmes de santé obligent Nietzsche à démissionner de son poste de l'université de Bâle. Avec sa maigre pension d'invalidité, il vivote entre les Alpes suisses l'été et les côtes méditerranéennes l'hiver ; adaptant ses séjours aux conditions climatiques favorables à son état de santé. C'est à cette époque qu'il rencontre Lou Andreas-Salomé, une jeune Russe de vingt et un ans, surdouée, libérée, belle et indépendante. Nietzsche reconnaît immédiatement en elle son âme sœur intellectuelle et sa disciple rêvée. Mais leur ami commun Paul Rée a des vues beaucoup plus intéressées sur la jeune femme... Et surtout la sœur de Nietzsche, Elisabeth, complote pour détruire cette relation naissante. Elle traite Lou d'« animal », l'accuse d'être « la philosophie *personnifiée* de mon frère, cet égoïsme dément qui renverse tout ce qui se trouve sur son chemin, ce manque total de moralité », ce qui témoigne à la fois de sa possessivité et de son ressentiment sans bornes, mais aussi de son incompréhension totale de la philosophie de son frère... Quand Elisabeth épouse un agitateur antisémite, Bernhard Foerster, en 1885, la rupture est définitive. Nietzsche ne cesse de manifester son opposition absolue à l'idéologie nauséabonde de son beau-frère, qu'il traite d'« oie antisémite vengeresse », mais Elisabeth part avec lui fonder une colonie « aryenne » et végétarienne au Paraguay.

Nietzsche est obligé de rompre à la fois avec sa sœur, son ami Rée et avec Lou, dont il suivra pourtant avec intérêt les premières publications. Solitaire, abandonné, trahi, incompris, il connaît de près le ressentiment et la rancune, qu'il s'évertue pourtant à condamner dans sa philosophie, parce qu'il lui est nécessaire de les surmonter dans sa vie. Nietzsche se console dans ses longues promenades le long des glaciers suisses de l'Engadine, ou sur les rives méditerranéennes, fidèle à son idée que la véritable pensée ne peut résulter que de l'activité musculaire. À Èze-sur-Mer, dans les Alpes-Maritimes, on trouve aujourd'hui un « chemin Nietzsche » qui inspira le *Zarathoustra* ; à Sils-Maria, dans le pays des Grisons, se trouve le rocher qui lui inspira l'idée de l'Éternel Retour. Nietzsche découvre le soleil, le mistral, les troubadours provençaux et la cuisine piémontaise, qu'il juge la « meilleure du monde ». Dans la musique de Bizet, il loue l'esprit « africain », le parfait antidote de la lourdeur décadente et germanique de Wagner : Nietzsche ne contemple plus son pays d'origine que d'un point de vue « transalpin ».

Alors qu'en 1888 il vit son année de création la plus frénétique, écrivant quatre de ses chefs-d'œuvre, il s'effondre au début de l'année suivante. Le ton de ses derniers écrits est des plus virulents, ses lettres deviennent parfois franchement mégalomaniaques, ainsi quand il suggère de « fusiller tous les antisémites », ou même quand il propose ses services pour « gouverner le monde ». Et puis un jour d'hiver, dans les rues de Turin, il court au secours d'un cheval qu'on vient d'abattre, qu'il serre dans ses bras, avant de s'effondrer et de perdre ses sens pour les dix années qu'il lui reste à vivre. Ironie du sort ou subtilité philosophique, le dernier geste de celui qui se voulait le pourfendeur de la compassion et de la pitié chrétienne est une manifestation désespérée de ces mêmes pitié et compassion...

Qu'est-ce qui causa la longue démence de Nietzsche ? Longtemps on a pensé qu'il s'agissait d'une paralysie due à la syphilis, probablement contractée durant la guerre de 1870. Depuis, on a suggéré la possibilité d'une maladie neurologique héritée de son père. Mais ce qui est sûr, c'est que sa maladie ne pouvait pas être la conséquence de sa pensée. Pour Nietzsche – faut-il le rappeler – c'est l'état de notre corps qui inspire nos pensées, et non pas le contraire. Et il faut bien voir que la philosophie singulière de Nietzsche est le médicament, la défense, la ruse d'une extraordinaire santé qui lui a permis de résister pendant aussi longtemps à cette maladie souterraine.

Suite à son effondrement, Nietzsche est pris en charge par sa sœur honnie Elisabeth, qui le ramène en Allemagne, préparant l'immense falsification de sa pensée qui permit qu'il soit récupéré par le nazisme naissant. Pourtant, jamais penseur ne s'est opposé aussi frontalement et aussi explicitement aux trois piliers de cette idéologie meurtrière : nationalisme, exaltation de la germanité et antisémitisme n'ont cessé d'être les bêtes noires de Nietzsche, qu'il combattait avec une vigueur toute prémonitoire, lui qui appelait de ses vœux les « bons Européens ».

Durant les dernières années de sa vie, Nietzsche parle peu et ne se souvient aucunement de son œuvre de philosophe. Mais il lui arrive encore de passer de longues heures à improviser au piano. Alors que tout le monde s'accorde à dire que ses œuvres musicales de compositeur sont plutôt médiocres, tous les témoins de son temps remarquent son extraordinaire talent d'improvisateur. Mais, assurément, c'est pour sa prose allemande syncopée, colorée, mélodieuse et espiègle qu'il est entré dans l'histoire comme l'un des plus grands musiciens de tous les temps.

Guide de lecture

Œuvres de Nietzsche

Le Gai Savoir
Le livre le plus lumineux et le plus foisonnant de Nietzsche.

Par-delà bien et mal
Le livre le plus philosophique de Nietzsche, l'exposé le plus rigoureux et le plus complet de ses idées de maturité.

Le Crépuscule des idoles
Un livre court et percutant, qui résume les positions plus arrêtées du dernier Nietzsche.

Pour ces trois œuvres, la meilleure traduction est celle, abondamment annotée, de Patrick Wotling, aux éditions Garnier-Flammarion.

Ainsi parlait Zarathoustra
Le livre le plus célèbre de Nietzsche est pourtant de peu de secours pour celui qui veut s'initier à sa pensée. Derrière un langage poétique parfois lourd, parfois parodique et souvent répétitif se cachent des idées qui sont mieux expliquées dans ses autres textes. La dernière partie est néanmoins un monument de littérature.

Les Fragments posthumes sont amplement cités dans ce livre parce qu'ils disent souvent de manière plus succincte et plus simple ce que les autres œuvres développent de manière plus littéraire et élaborée. Pour le non-spécialiste, ils n'ont pourtant, à côté des œuvres publiées, que peu d'intérêt. Cette remarque vaut aussi pour la « fausse » œuvre *La Volonté de puissance*, compilée à partir de ces fragments.

Commentaires

Gilles Deleuze, *Nietzsche*, PUF, 1965.
> Une dense et courte introduction magnifiquement synthétique, suivie d'une judicieuse sélection de textes. Indispensable.
> Du même auteur, *Nietzsche et la philosophie* (PUF, « Quadrige », 1962) est une brillante interprétation plus difficile d'accès, qui témoigne peut-être davantage du génie de Deleuze que de sa fidélité à Nietzsche.

Walter Kaufmann, *Nietzsche: Philosopher, Psychologist, Antichrist*, Princeton University Press, 1950.
> Pour le lecteur anglophone, la meilleure introduction générale à Nietzsche ; sans dogmatisme, avec beaucoup de sensibilité et d'attention au détail, accessible au lecteur cultivé non spécialiste.

Patrick Wotling, *La Philosophie de l'esprit libre*, Champs-Flammarion, 2008.
> Un recueil d'articles qui tour à tour font le point sur les différents thèmes majeurs de la philosophie de Nietzsche. Le même auteur propose avec *Nietzsche et le problème de la civilisation* (PUF, réédition 2009) une magnifique interprétation d'ensemble, soulignant les aspects jusque-là peu connus de la pensée de Nietzsche.

édition pré-presse
livres numériques

44400 Rezé

Dépôt légal : juin 2019

Imprimé en Allemagne par BoD